A Transmutação Metalinguística
na Poética de Edgard Braga

Estudos Literários 43

BEATRIZ HELENA RAMOS AMARAL

A Transmutação Metalinguística na Poética de Edgard Braga

Ateliê Editorial

Copyright © 2013 de Beatriz Helena Ramos Amaral

Direitos reservados e protegidos pela Lei 9.610 de 19 de fevereiro de 1998.
É proibida a reprodução total ou parcial sem autorização, por escrito, da editora.

Dados Internacionais de Catalogação na Publicação (CIP)
(Câmara Brasileira do Livro, SP, Brasil)

Amaral, Beatriz Helena Ramos
 *A Transmutação Metalinguística na Poética de
Edgard Braga* / Beatriz Helena Ramos Amaral. –
Cotia, SP: Ateliê Editorial, 2013.

 ISBN 978-85-7480-634-1

 1. Braga, Edgard, 1897-1985 – Crítica e
interpretação   2. Literatura brasileira
3. Metalinguística   4. Poética   I. Título.

13-02040   CDD-801.95

Índices para catálogo sistemático:
1. Crítica literária   801.95

Direitos reservados à
ATELIÊ EDITORIAL
Estrada da Aldeia de Carapicuíba, 897
06709-300 – Granja Viana – Cotia – SP
Telefax: (11) 4612-9666
www.atelie.com.br / contato@atelie.com.br
2013
Printed in Brazil
Foi feito o depósito legal

Para Edgard Braga

Sumário

AGRADECIMENTOS 13

ARTEGRAFIAS DE EDGARD BRAGA – *Augusto de Campos* . . . 15

APRESENTAÇÃO – *Maria José Palo* 19

PREFÁCIO – *Olga de Sá* 23

INTRODUÇÃO 29

1. METALINGUAGEM E GÊNESE 35

    Funções da linguagem 35

    Função metalinguística 37

    Gesto criador e gênese 44

2. A POÉTICA DE EDGARD BRAGA NO TEMPO 49

    Panorama 49

10 A TRANSMUTAÇÃO METALINGUÍSTICA...

Poesia verbal. 51

Espacialismo. 65

Poesia concreta 71

Poesia caligráfica. Poesia visual. Tatoemas 76

3. FORTUNA CRÍTICA 83

4. A VOZ METALINGUÍSTICA DE EDGARD BRAGA 99

Análise: tudo diferente de um coser qualquer 99

Metalinguagem de expressão. 106

Metalinguagem de construção. 107

Análise de poemas 109

"A um poeta modernista" 109

"Ode XXII". 113

"Gênese" 117

"Volição" 120

"Geogenia". 123

"Dado dedo dado" 141

"Poema" 144

"ABC Concreto". 148

"Poema-garrafa". 151

"Dedos-dados" 153

"Ser Ver" 156

"Vocábulo". 159

"Uivoo". 162

"Poem" 164

"Livro aeiou nascimento mar tranquilidade
signo silêncio". 166

"Limite do olho". 168

SUMÁRIO 11

"Linotipoema"..................... 170

"Nascimento da poesia" 173

"Caos" 175

CONCLUSÕES 179

MEMÓRIA ICONOGRÁFICA 183

Capas de livros de Edgard Braga e trabalhos seus 183

Edgard Braga – cem anos................. 196

ANEXOS 201

Tatuagens – composições de Sílvio Ferraz com base
em poemas de Edgard Braga: uma transdução. . . . 201

Biografia de Edgard Braga 207

BIBLIOGRAFIA........................ 218

Bibliografia de Edgard Braga.............. 218

Bibliografia sobre Edgard Braga 221

Bibliografia geral 222

Agradecimentos*

A Elza Ramos Amaral, pela compreensão e generosidade demonstradas durante o processo de pesquisa e elaboração deste texto; aos mestres e amigos Olga de Sá, Maria Rosa Duarte, Maria José Palo, Cecília Almeida Salles, Maria Aparecida Junqueira, Fábio Lucas, Fernando Segolin, Vera Bastazin e Cláudio Giordano, pelas orientações valiosas, leitura inteligente, incentivo e sugestões relevantes oferecidas durante todo o desenvolvimento do trabalho; à amiga Maria Cecília de Salles Freire César, pelo diálogo constante nas trilhas da literatura;

---

* Este livro resulta da dissertação apresentada em junho de 2005 à banca examinadora da PUC-SP, como exigência parcial à obtenção do título de Mestre em Literatura e Crítica Literária, sob orientação da Profa. Dra. Olga de Sá. Finalista do Prêmio ANPOLL – Associação Nacional de Pós-Graduação e Pesquisa em Letras e Linguística, indicada pelo Programa de Estudos Pós-Graduados em Literatura e Crítica Literária da Pontifícia Universidade Católica de São Paulo.

e aos amigos Carmen de Paula Arruda Campos, Marcos de Farias Costa, Arnaldo Codespoti e Ésio Macedo Ribeiro, pela colaboração e auxílio na localização de importantes fontes de pesquisa.

Artegrafias de Edgard Braga

Quem conheceu Edgard Braga há de lembrar-se dele como alguém muito especial, uma criatura extremamente cordial e generosa – poeta e médico até a medula. Não foi à toa que Patrícia Galvão – cujo filho, Rudá de Andrade, nasceu assistido por ele, como obstetra que era – afirmou em uma de suas crônicas de 1950 que "uma longa biografia de médico" punha "muito de humaníssima expectativa no gesto e na sensibilidade" do poeta. Sob os seus cuidados médicos nasceu também Paulo Marcos, o caçula do casal Oswald de Andrade/Maria Antonieta d'Alkimin. Em seu consultório, a qualquer chamamento, atendia os amigos-poetas, a que dava tratamento preferencial. Sentava-se à frente de uma estante na qual os livros de poesia às vezes sobrepujavam os compêndios de medicina e onde por um bom tempo brilharam muitos volumes da revista *Invenção*. Em particular o nº 2, rubrocubano, logo mais recolhido quando a repressão militar começou a impugnar até mesmo *Le Rouge et le Noir*, de Stendhal...

Enquanto outros da sua geração e das mais novas arreganhavam os dentes para a poesia concreta, Braga não se intimidou e acabou se juntando, com garra e simpatia, aos jovens que então lançaram o movimento. Escrevi sobre ele, na época, um artigo que se intitulava, provocativamente, "Braga Larga Brasa". Contemporâneo de Oswald e de Mario de Andrade, um pouco mais novo do que estes, não chegou a participar da Semana de 22, embora se tenha identificado desde cedo com os Modernistas. Reciclou-se no pós-guerra e esteve muito ativo nos anos 1950. Tocado pela poesia concreta, veio a tornar-se um grande companheiro de viagem, integrando, nos anos 1960 a direção da página literária e da revista *Invenção*. Em nosso grupo logo encontrou um caminho pessoal. Era mais intuitivo que Pedro Xisto, outro seu contemporâneo que se juntou a nós e iniciou a sua carreira literária, já sexagenário, na mesma época. Enquanto Xisto se mantinha mais próximo da fase ortodoxa da poesia concreta, Braga preferiu aventurar-se pelos caminhos menos previsíveis da gestualização caligráfica. Humano e humilde, gostava de confiar aos poetas-amigos do *inner circle* a triagem da sua larga produção, que alcançou resultados muito originais. Alguns dos seus melhores poemas foram antologizados nos livros *Soma, Algo* e *Tatuagens*, que tiveram, os dois primeiros, a cobertura gráfica do poeta-designer Décio Pignatari e o último, a diagramação perfeccionista do artista plástico Julio Plaza.

Sempre achei que havia nas artegrafias de Edgard Braga algo da habilidade cirúrgica de sua profissão, uma desteridade que parece refletir-se no poeta – como se este se pusesse a bisturizar graficamente os seus jogos verbogestuais, cheios de afetividade e de humor. À distância ele me lembra um tanto o poeta visual Bob Brown, do qual me ocupei num dos capítulos do meu livro *À Margem da Margem*, e que começa a ser redescoberto pela crítica estadunidense. Acolhido pelos concretos e por estes divulgado no exterior, como Pedro Xisto, o poeta obteve reconhecimento primeiro fora do Brasil. Ainda nos anos 1960, revistas e antologias internacionais davam espaço aos seus trabalhos, por aqui apenas admirados pelos poetas de *Invenção* e das revistas de poesia experimental, como *Código* e *Artéria*, que circulavam na "pororoca" (Leminski *dixit*) que explodiu entre baianos e paulistas, à margem do tradicional eixo São Paulo--Rio e da poesia "marginal" prestigiada pela academia de cunho sócio-retrógrado.

O resgate de sua obra, ora empreendido por Beatriz Amaral, com amor e competência, é mais do que bem-vindo. Ela soube mapear com acuidade o percurso especulativo do poeta, cuja obra, especialmente a mais radical, fulcrada no desenho e na caligrafia, veio a influenciar toda uma nova geração de poetas como Walter Silveira, Tadeu Jungle e Arnaldo Antunes. Edgard Braga permanece atual e merece o reconhecimento da juventude revolucionário-permanente que sempre caracterizou o seu comportamento artístico e humano.

Augusto de Campos

Apresentação

Escrever sobre a operação tradutora da metalinguagem, objeto de estudo de *A Transmutação Metalinguística na Poética de Edgard Braga*, significa atravessar domínios de linguagens, antes reservados à estética e à ciência da Literatura e, neste livro, endereçados ao fazer poético. Livro este de Beatriz Helena Ramos Amaral que serve de nicho ao seu propósito: marcar limites entre o tempo da poesia concreta (de 1950 a 1970) e o tempo da produção sígnica analógica do poeta alagoano Edgard Braga (1897-1985). Como autora e pesquisadora do poeta, Beatriz desempenha a performance da experimentação de signos analógicos de caráter concreto-sensorial, pela via da leitura da manuscritura de um poeta grafiteiro pré-histórico que "canta as estrelas azuis do poço" no seu processo criador, no qual "o céu mora dentro delas".

A via metalinguística centralizada neste trabalho da transmutação dá luz à linguagem com que se estuda a linguagem objeto, cunho metalinguístico que "hoje, sem dúvida alguma, insere-se no cerne de qualquer alicerce crítico e analítico que se pretenda sério, isento, abrangente" (Décio Pignatari, 2002); em suas dobras, o código se lê e, topologicamente, usa as medidas da superfície do papel: "um poema / pérola de grafite / sobre o branco", no cantar da poeta Beatriz Helena (Amaral, *Planagem, Poesia Reunida*, 1998, p. 129). A própria poeta destaca-se como pesquisadora da gênese da forma da poesia braguiana por uma via sincrônica; aquela que possa devolver-lhe as marcas do engenho e da invenção da escritura, em favor da evolução crítica do verso revisitado pelo "Plano-Piloto da Poesia Concreta" e seus representantes brasileiros.

Reina a autora também na fortuna crítica de Braga, ao fundir a sua voz a outra voz especular, pois quer historiografar o poeta dos ícones concretos no campo da expressão lírica; busca, com força analítica, encontrar os rastros do seu gesto inventivo; persegue a transmutação em contínua dinâmica: construção/ desconstrução do verso "a partir das pulsões e ritmos energeticorporais e gestos da escrita-desenho", na apreciação de Júlio Plaza (1984), e em estruturas-conteúdo; e, afinal, faz a mediação gráfico-industrial da vanguarda antecipada por Edgard Braga. Tudo registra na historiografia crítica de sua completa obra poética (1933-1985).

É relevante saber que na arteciência da poesia braguiana, o objeto emerge tal como é expresso no signo, na topologia da caligrafia, da palavra em movimentos belíssimos de transição. São elas experiências luminosas que celebram a influência mallarmaica na exploração do preto-branco silencioso – outra herança concretista.

Este livro de Beatriz Amaral faz bem a junção artecientífica no tempo das artes visuais espaciais, privilegiando a sintaxe analógica no plano racional da construção: letra e imagem até ganham nela a liberdade de seus tatoemas (1976), no expressar metafórico do poeta Augusto de Campos "como paisagens constelunares", sem, contudo, jamais abandonar a transmutação.

Assim como a leitura de Beatriz revela o poeta e sua obra, Edgard Braga, em recíproca, revela à sua leitora o gesto inacabado da poesia, a caminho da condensação extremada da expressão verbal – nas palavras de saudade do poeta Haroldo de Campos: "uma pré-sintaxe e uma pré-semântica em sucessivas aproximações estocásticas ao tecido da linguagem".

Neste livro, ambos os poetas, Edgard Braga e Beatriz Amaral, corporificam o signo primevo da linguagem analógica, um tributo inestimável àqueles leitores sensíveis que sabem encontrar na poesia a voz esculpida por um coração de poetas que pensam epifanias em transmutante viagem poética.

Maria José Palo
Doutora em Comunicação
e Semiótica – PUC-SP

Prefácio

Enumerar as qualidades deste trabalho de Beatriz Amaral, analisando poemas de Edgard Braga, é tarefa difícil. Beatriz é também poeta e poeta pra ninguém botar defeito. É autora de *Planagem* (1998), *Luas de Júpiter* (2007) e *Alquimia dos Círculos* (2003), que mereceu estas palavras de Rodolfo Konder: "Na fronteira sempre imprecisa entre a literatura e a música, feita de aragens e cogumelos, vertigens e ressonâncias, testes e espasmos, Beatriz atravessa as névoas da criatividade e relembra frequentemente o que jamais existiu" (Konder, 2003, *Asa Livre*).

Sobre *Planagem*, afirmou Daniela Braga: "A leitura de *Planagem* é a um tempo intrigante e reveladora, mergulhando-nos numa espécie de viagem iniciática em que o espaço físico do papel ganha contornos plásticos e em que, a cada instante, a palavra se reinventa em forma, volume, música, sonho" (Braga, *Terceira Margem*, Universidade do Porto).

Singular, Edgard Braga encontrou em Beatriz Amaral uma analista também singular dos procedimentos de metalinguagem. A pesquisadora examinou as fases do longo percurso poético braguiano, passando pelas influências simbolistas e parnasianas até o espacialismo, e a poesia concreta, poesia caligráfica e poesia virtual (tatoemas).

Na passagem da poesia verbal à poesia visual de Braga, Beatriz analisou vinte poemas, escolhidos na ponta dos dedos.

Alguns conceitos da crítica genética e do funcionalismo de Roman Jakobson dão embasamento teórico à pesquisa. *Metalinguagem de expressão* e *metalinguagem de construção* são dois diferentes modos de metalinguagem que Beatriz Amaral aponta na poética de Braga.

O primeiro volta-se para a reflexão crítica na esfera temática e do sentido; o segundo relaciona-se com a própria composição/decomposição dos elementos sígnicos do poema. A metalinguagem de construção sobrepõe-se à metalinguagem de expressão e resgata a essencialidade do fazer poético.

Gostaríamos de colorir nossa prosa, citando poemas de Edgard Braga, desde a poesia verbal, epifânica, passando por *Extralunário*, dedicado a Oswald de Andrade, até os tatoemas e à poesia caligráfica. Mas para que repetir o que Beatriz Amaral já fez magnificamente? Num artigo intitulado "Braga-lume", publicado na *Revista Dialética*, Beatriz salienta os belíssimos movimentos de transição poética (mutação, construção, desconstrução, re/construção) presentes no livro *Extralunário* (ano 7, n. 5, março 2001, pp. 11-17).

Estilhaçam-se o verso e o verbo. Nova sintaxe, regida pelo signo da dilaceração, como consigna Beatriz Amaral:

nem
outra
face
(há)
além
poema

Extralunário, p. 69.

PREFÁCIO 25

Com o livro *Soma*, publicado em 1963, Braga coloca-se como um dos principais representantes da poesia concreta brasileira. O livro tem *layout* e diagramação do poeta concreto Décio Pignatari e posfácio de Haroldo de Campos.

poema

poema

poema

poema

poema

poema

pó

mó   e

No período posterior – de plena visualidade da poesia braguiana coexistem a caligrafia, o desenho e são empregados letra set, carimbo e nanquim. Esta nova fase produziu as seguintes obras: *Tatuagens* (tatoemas, de 1976) *Murograma* (pôster, de 1982) e *Infância* (pôster do Kuko, de 1983).

Escreve Beatriz:

Soma é um dos livros de Edgard Braga mais comentados e analisados pela crítica, mormente em comparação com a reduzida fortuna crítica de suas obras anteriores. O crescimento do interesse pela poesia de Braga, nesta fase, coincidiu com sua adesão ao movimento da poesia concreta e o pleno desenvolvimento dos recursos visuais, gráficos, sonoros da nova sintaxe paratática, geradora de inegável adensamento semântico (cf. Beatriz Amaral, *A Transmutação Metalinguística...*, 2005, p. 80).

As análises de Beatriz Amaral são, para o leitor, caminhos para a compreensão dos poemas e constituem um verdadeiro celeiro de ideias, instigando o leitor a uma reflexão fecunda sobre a criação poética e até a criação do universo e do homem.

Com base na análise cuidadosa e inventiva de vinte poemas de Edgard Braga, escolhidos nos diferentes momentos de sua produção, concluiu a autora que a *transmutação metalinguística* ocorre sob a *forma de deslocamento*. A metalinguagem se desloca do conteúdo do texto poético (expressão) para a estrutura formal do poema (construção). O resultado desse movimento é enriquecedor, pois sugere a plena realização do *isomorfismo espaço-tempo* e do *isomorfismo fundo-forma*, que haviam sido preconizados desde os primeiros manifestos da poesia concreta.

Em suas transmutações incessantes, compendia a ensaísta, a poesia de Edgard Braga orienta-se do verbo para a imagem pura, encaminha-se para a poeticidade essencial, fazendo dessa trajetória sua singularidade (cf. Beatriz Amaral, *A Transmutação Metalinguística...*, 2005, pp. 180-181).

Singular a poesia de Edgard Braga. Singular o trabalho de Beatriz Amaral. Ninguém mais poderá levantar a fortuna crítica e focalizar a poesia de Braga sem percorrer os caminhos abertos por Beatriz.

Olga de Sá
Doutora em Comunicação
e Semiótica – PUC-SP

Referências Bibliográficas

AMARAL, Beatriz Helena Ramos. *A Transmutação Metalinguística na Poética de Edgard Braga*. São Paulo, Pontifícia Universidade Católica, 2005 (Dissertação de Mestrado).

AMARAL, Beatriz. *Luas de Júpiter*. Belo Horizonte, Anome Ed., 2007.

AMARAL, Beatriz. *Planagem*. São Paulo, Massao Ohno, 1997.

AMARAL, Beatriz. *Alquimia dos Círculos*. São Paulo, Escrituras Ed., 2003

[...] *a matriz primeira da criação, uma pura ebuliência germinal, verbo-espermática.*

HAROLDO DE CAMPOS, *Soma Sensível*, 1963.

[...] *entre poesia e pintura. paisagens constelunares que as palavras apenas afloram como pegadas de significado.*

AUGUSTO DE CAMPOS, **Algo sobre** *Algo*, 1971.

A prática literária se revela como exploração e descoberta da linguagem, como atividade que liberta o sujeito de certas redes linguísticas.

JULIA KRISTEVA, *Sémeiotike Recherches pour une sémanalyse.*

C'est la poésie qui nous protege contre l'automatisation...

ROMAN JAKOBSON, *Qu'este-ce que la poésie?, Huit questions de poétique.*

[...] *o emaranhado de toques de lápis se resolve finalmente numa forma pura e exata, perfeitamente significante, também aqui todas as vibrações do sentido concorrem para nos impor uma certa ideia do objeto; nessa forma primeiro humana, depois animal, depois vegetal, reconhecemos sempre uma espécie de substância única, veia, cabelo ou fio, e acedemos a essa grande matéria indiferenciada de que a poesia verbal ou pictural é o modo de conhecimento.*

ROLAND BARTHES, *O Grau Zero da Escrita.*

Introdução

Este estudo visa efetuar uma leitura da obra poética de Edgard Braga (1897-1985) à luz da metalinguagem, analisando a singularidade de seus procedimentos e as várias transformações ocorridas ao longo de cinquenta anos de produção. A adequada realização deste objetivo pressupõe o exame das várias fases que compõem a trajetória da poesia braguiana, que atravessou o século XX em meio a sucessivas e profundas transformações estéticas, recebendo desde influências do simbolismo e do parnasianismo até encontrar o caminho do espacialismo (espacialização), da poesia concreta, da poesia caligráfica e da poesia visual (tatoemas).

Constituem objetivos do estudo examinar especialmente os momentos de passagem da fase do verso à fase do verso-palavra, no princípio dos anos sessenta, e os momentos da passagem da fase verbal à fase da poesia-desenho, poesia visual e caligráfica, no princípio dos anos setenta, e, a partir destes marcos transformadores, identificar os principais traços em seu enfoque metalinguístico de alta dosagem de inventividade.

Os possíveis resultados desta análise poderão elucidar as seguintes questões: era Edgard Braga realmente um poeta concreto? É adequada e válida a inserção de sua poética no concretismo? Quais os traços que a diferem daquela dos poetas nomeados concretos? Qual o verdadeiro lugar do poeta entre seus contemporâneos nacionais? Em que medida a construção do poema, sua gênese, absorve todo o olhar do poeta, que também atua metalinguisticamente como um crítico de sua obra e da poesia? De que modo a vertente metalinguística presente em seu trabalho norteia as transmutações estéticas e formais por que passou a longa trajetória de sua original poética?

O fio condutor desta pesquisa deriva de algumas questões principais: a metalinguagem é um dos aspectos predominantes na poesia de Edgard Braga? Existe uma voz metalinguística própria (singular) nesta poesia? Quais suas características? Em que aspectos sua metalinguagem difere da de seus contemporâneos? Haverá intensificação da metalinguagem em alguns momentos especiais de sua produção, sobretudo nas instâncias de transição entre a poesia verbal e a visual? Qual o caminho de sua transmutação metalinguística? Haverá uma tendência única neste trajeto transmutante?

Tais indagações propõem o entrelaçamento de duas questões basilares: a primeira, relativa às peculiaridades existentes nos procedimentos metalinguísticos do poema, e a segunda, concernente ao processo das mutações estéticas que se manifestam na forma poética.

Constitui objeto do estudo a forma poética em transição e as consequentes metamorfoses das mensagens de perfil metalinguístico. O *corpus* da pesquisa reúne um conjunto de vinte poemas do autor, selecionados de toda sua obra. Merecerá destaque, evidentemente, face aos objetivos do estudo, a produção poética mais representativa dos momentos de transição estético-formal. Em outras palavras, a ênfase deverá recair em poemas produzidos a partir do início da década de sessenta. Neste período, tem-se a publicação de dois importantes livros, que simbolizam uma espécie de divisor de águas na poética braguiana: *Extralunário* e *Soma*.

INTRODUÇÃO 31

Nesse momento, começando a se despir do verso, o poeta abandona a estrutura lógica do discurso e a sintaxe convencional para aderir aos postulados da poesia concreta, passando, inclusive, a integrar o Grupo Invenção e a participar da *Revista Invenção*, importante órgão de divulgação daquele movimento. Este período, de suma riqueza para o desenvolvimento da poética de Edgard Braga, implica não apenas mera adesão aos princípios da poética concreta. Em verdade, além de inserir em sua obra princípios basilares de desconstrução da sintaxe convencional e lógica, o poeta iniciava a gestação de sua futura obra, cuja construção derivaria, primeiramente, do estilhaçamento das palavras, até a completa pulverização dos signos, que passariam a erigir tatuagens no branco do papel.

Sendo a metalinguagem uma reflexão sobre a própria linguagem, e, consequentemente, sobre o próprio fazer poético, caracterizamos o percurso da obra de Braga para melhor compreendermos a transmutação de suas operações formais. Para tanto, serão referidos neste estudo os postulados da poesia concreta, que integram o plano-piloto e os manifestos dos poetas concretos paulistas, tais como a fragmentação do verso, o estilhaçamento dos vocábulos, sílabas e grafemas, a dilaceração da sintaxe, a utilização da sintaxe analógica, reconhecendo-se que, em Edgard Braga, alguns destes postulados ensejaram a construção e a desconstrução nitidamente visíveis em metapoemas cuja estrutura se assimila à criação da terra (do caos à gênese).

Como reconheceu Cassiano Ricardo, ao analisar a poesia braguiana, em muitas de suas obras, as palavras se "desgarravam" como ilhas. A fragmentação do verso guarda identidade com a criação do cosmo e da própria poesia, no mundo mimeticamente recriado pela especialíssima ótica de Braga. Em suas trilhas poéticas, delineava-se claramente o caminho da condensação.

Ressalte-se, outrossim, que a extrema originalidade da obra poética de Edgard Braga proporciona alta dosagem de estranhamento, consubstanciando, inegavelmente, uma clara lição de técnica, engenho, inventividade e lirismo, expressividade e concisão linguística, marcas de sua competente e singular travessia poética, sobre a qual escreveu Haroldo de Campos (1984, p. 8): "[...] a poesia sintético-imaginista e grafotáctil de resgate da 'faculdade mimética', momento mágico ou de 'iluminação' obliterado no uso meramente denotativo da língua".

Para a consecução desses objetivos, utilizaremos como embasamento a teoria funcionalista de Roman Jakobson e alguns conceitos da Crítica Genética. Os métodos de abordagem do objeto são o abdutivo, o dedutivo e o indutivo. Os métodos de procedimento empregados serão poético, metalinguístico, funcionalista e morfológico.

O estudo dos procedimentos poéticos – sobretudo metalinguísticos – do corpus escolhido será também realizado à luz de alguns importantes conceitos desenvolvidos pelos chamados "formalistas russos", grupo de linguistas e poetas reunidos no princípio do século vinte (1914-1915) com o propósitos de identificar, reconhecer, fixar e delinear as categorias que compõem o fenômeno literário, isto é, do ponto de vista de sua literariedade, com o propósito de conferir à literatura um caráter de autonomia.

Entre tais conceitos, de relevância para esta pesquisa como instrumentos de estudo analítico-sintético serão os conceitos de estranhamento, de singularização da obra poética, do princípio da economia das forças criadoras (condensação, concisão), de desautomatização da percepção do leitor, e da arte como procedimento, desenvolvido por Viktor Schklóvski (1917).

Escreveu Schklóvski (1965, p. 81):

[...] e eis que para se ter a sensação da vida, para sentir os objetos, para sentir que a pedra é pedra, existe aquilo que se chama arte. A finalidade da arte é de dar uma sensação como objeto como visão e não como reconhecimento; o processo da arte é o processo de singularização dos objetos e o processo que consiste em obscurecer a forma, em aumentar a dificuldade e a duração da percepção. O ato de percepção em arte é um fim em si e deve ser prolongado; a arte é um meio de sentir o devir do objeto, aquilo que já se "tornou" não interessa à arte.

Em arte, a *libertação do objeto do automatismo* perceptivo estabelece--se por meios diferentes.

O conceito de singularização do objeto artístico mediará o exame dos poemas que integram o *corpus* desta pesquisa, possibilitando a melhor compreensão dos instrumentos empregados por Edgard Braga, na construção de sua poética.

De outro lado, consideramos que o enfoque dado por Braga à questão da gênese da obra artística (sua própria poesia e a obra literária ou artística em geral) instiga a inserção, neste estudo, de alguns dos principais conceitos e noções da crítica genética, disciplina desenvolvida a partir da segunda metade do século vinte, na França, a partir dos esforços pioneiros de Louis Hay e Almuth Gressilon, e que, no Brasil, tem em Cecília Almeida Salles e Phillippe Willemart os principais introdutores e teóricos. As pesquisas e conclusões da crítica genética relativas à questão da percepção artística, da matéria e do percurso de experimentação alimentam o estudo da obra poética que pretendemos desenvolver.

Rompendo com formas estéticas já utilizadas e instaurando, incessantemente, novos modos de construção de seu projeto poético, Edgard Braga lança poemas como gestos plenos de invenção destinados ao olhar reflexivo do leitor crítico. A inserção do enfoque metalinguístico no exame desta longa e transmutante viagem poética é, portanto, o objetivo deste estudo.

1
♦

Metalinguagem e Gênese

FUNÇÕES DA LINGUAGEM

Para o adequado exame das transformações ocorridas na obra de Edgard Braga no que se refere à reflexão sobre o fazer poético e sobre a própria linguagem, bem como no que pertine à eventual caracterização de suas singularidades metalinguísticas, tomamos por base, de um lado, a teoria das funções da linguagem, elaborada pelo linguista e crítico Roman Jakobson (1995, pp. 118-162), e de outro, alguns conceitos da crítica genética, disciplina cujo foco central é a investigação da obra de arte a partir de sua construção. Este duplo alicerce teórico permitirá a compreensão dos procedimentos utilizados nas operações estéticas empreendidas por Braga, notadamente na fase de passagem da poesia verbal tradicional à poesia concreta (fase do verso à fase do pós-verso) e na fase de passagem da poesia concreta à poesia visual (caligráfico-gestual, tatuada).

As investigações teóricas de Jakobson levaram-no à conclusão de que "a linguagem deve ser estudada em toda a variedade de suas funções". Sua pesquisa sobre o processo de comunicação resultou na concepção de seis funções de linguagem, cada um delas a enfatizar um dos diferentes fatores que erigem o processo de comunicação. Escreveu Jakobson:

> Para se ter uma ideia geral dessas funções, é mister uma perspectiva sumária dos fatores constitutivos de todo pro cesso linguístico, de todo ato de comunicação verbal. O REMETENTE envia uma MENSAGEM ao DESTINATÁRIO. Para ser eficaz, a mensagem requer um CONTEXTO a que se refere (ou "referente", em outra nomenclatura algo ambígua), apreensível pelo destinatário, e que seja verbal ou suscetível de verbalização; um CÓDIGO total ou parcialmente comum ao remetente e ao destinatário (ou, em outras palavras, ao codificador da mensagem); e, finalmente, um CONTACTO, um canal físico e uma conexão psicológica entre o remetente e o destinatário, que os capacite a ambos a entrarem e permanecerem em comunicação.

Portanto, a cada um dos seis fatores da comunicação apontados corresponde uma função de linguagem: função expressiva (emotiva), que realça o remetente (emissor); função poética, na qual o destaque é dado à própria mensagem; função referencial, em que é realçado o referente; função conativa, em que o destinatário é enfatizado; função fática, que destaca o canal de comunicação; função metalinguística, em que o código linguístico se evidencia.

As funções de linguagem não ocorrem com exclusividade em um texto verbal ou comunicacional. Duas ou mais delas podem coexistir, sendo sempre possível, porém, identificar-se a predominância de uma das funções. Por exemplo, é natural que, numa obra artística, a função poética (ou estética) seja dominante, o que não impede a coexistência, na mesma obra, da função expressiva ou conativa.

FUNÇÃO METALINGUÍSTICA

Consoante anota o próprio Jakobson, habitualmente empregamos a função metalinguística no cotidiano sem que o percebamos nitidamente: "praticamos a metalinguagem sem nos dar conta do caráter metalinguístico de nossas operações. Sempre que o remetente e/ou o destinatário têm necessidade de verificar se estão usando o mesmo código, o discurso focaliza o CÓDIGO".

Analisando os conceitos de Jakobson, e buscando explicitá-los, anota Samira Chalhub (1998): que, quando emissor e receptor precisam verificar se estão de fato a utilizar o mesmo código, "o discurso está desempenhando a função de se autorreferencializar". Escreve Chalhub:

> Peirce já nos informava do caráter de substituição do signo e a sua noção de interpretante – um signo que substitui um signo anterior, ou o significado de um signo é outro signo – equivale ao funcionamento da operação tradutora da metalinguagem.

As explicações sobre explicações acabam por constituir o que, segundo Chalhub, se pode denominar *metaliguagem da metalinguagem*, e de natureza informativa, cognitiva. Esclarece a autora que até mesmo o uso dos travessões indica que, depois da pausa, haverá, por certo, uma nova explicação, que deverá delongar e explicar as referências anteriores. Prossegue, ainda, afirmando que traduzir de um idioma para outro é, na verdade, um trabalho de operação metalinguística, realizado com o código. E, no caso particular de um poeta ser traduzido por um outro poeta, ocorre também a busca da mensagem estética. Esta ênfase caracteriza a tradução transcriativa, que procura a *invenção* da mensagem sensível.

No dizer de João Alexandre Barbosa (1974, p. 138), "operação metalinguística é aquela em que, dobrada sobre si mesma, conduz o leitor, ou aquele que fala, para a teia das interrogantes acerca do próprio código utilizado". No ensaio intitulado "Linguagem e Metalinguagem em João Cabral", que integra seu livro *A Metáfora Crítica*, em que se propõe a analisar o caráter metalinguístico do livro *A Educação pela Pedra*, publicado em 1966 pelo poeta João Cabral de Melo Neto, Barbosa apresenta reflexões lúcidas e precisas acerca do fenômeno e da função metalinguística, identificando, na obra examinada, "uma estratégia de criação textual em que a linguagem, descartada de suas funções emotivas ou apelativas", está "submetida a uma incessante operação metalinguística".

Importante assinalar que, entre as conclusões do ensaísta, está o reconhecimento de que as relações entre significante e significado se estabelecem a "partir de uma desconfiança fundamental com relação ao código em que se inserem". Desse reconhecimento, segundo Barbosa, advém conclusão que reputamos relevante para o desenvolvimento de nossas investigações e nossa pesquisa: a de que a significação do texto não está localizada somente no âmbito da Semântica, mas se transporta "para o próprio tecido das relações na ordem sintática".

Também vislumbra João Alexandre Barbosa, o teor crítico incluso na obra de criação, o qual "funciona como medida de relação entre a função poética do texto e as demais funções da linguagem nele incorporadas". A *despoetização* presente na obra cabralina, apontada e destacada por Barbosa ao analisar *A Educação pela Pedra* é um dos traços da reflexão metalinguística realizada em poesia. Esse traço é também apontado com precisão por Haroldo de Campos (1977, p. 43), no livro *Ruptura dos Gêneros da Literatura Latino-americana*, ao se referir aos antipoemas do chileno Nicanor Parra, nos quais vislumbra antilirismo, antidecorativismo, crítica aos expedientes retóricos e acentuado despojamento.

Fazendo uma digressão sobre a presença da metalinguagem na estética da modernidade, Haroldo de Campos remonta à obra de Mallarmé e sua utilização primeira com a amplitude que resultaria no advento de uma *dimensão metalinguística*. Escreve o crítico: "Mallarmé introduziu a dimensão metalinguística do exercício da linguagem, uma dimensão reservada antes à estética e à ciência da literatura do que à literatura própriamente dita".

A propósito de poesia cabralina e seus aspectos metalinguísticos, também são dignas de registro neste estudo as anotações de Antonio Hohlfeldt (2002):

> A poesia cabralina necessariamente constrói-se como metalinguagem – isto é, uma reflexão sobre a linguagem em construção – tendo em vista que necessita acompanhar a evolução presente, as lutas permanentes do ser humano, simultâneas com a luta do poeta em dominar a sua linguagem e a sua expressão.

Ora, esse pensamento remete ao antigo lema de Terêncio, retomado por Roman Jakobson, em seus estudos linguísticos: "O linguístico confunde-se com o humano e, portanto, nada do que interessa à vida e o mundo do homem lhes deve ficar alheio" (1969, p. 174).

Mas, tornando à explanação de Haroldo de Campos acerca da presença da dimensão metalinguística no processo de ruptura nos gêneros literários na América Latina, verifica-se que o programa estético originado a partir de *Um Coup de Dés*, em verdade abre, descobre, desvenda, desvela e desnuda o processo criativo. Segundo as palavras do próprio crítico:

> A essa incorporação de uma dimensão metalinguística à literatura de imaginação corresponde, também, ao que os formalistas russos designavam por "desnudamento do processo", e que outra coisa não é senão um *pôr a descoberto a arquitetura mesma da obra* à medida que ela vai sendo feita, num *circuito autocrítico*.

O desnudamento do processo poético pressupõe a ação construtiva e desconstrutiva, de montagem e desmontagem, de quem faz e desfaz, compõe, decompõe e recompõe, inserindo em cada um desses atos a dimensão crítica como um foco de luz sobre a linguagem.

Conforme já consignado, as funções da linguagem conceituadas por Jakobson são identificadas e reconhecidas numa mensagem ou texto de acordo com a maior ou menor ênfase dada a cada um dos fatores da comunicação.

Obviamente, em alguns discursos será difícil detectar de imediato qual o fator preponderante, mas um exame completo do texto ou da mensagem tornará clara a sua principal característica, seu traço essencial, ou, utilizando-se a expressão de Samira Chalhub (1999), qual o "perfil da mensagem".

Há que se frisar, de todo modo, que a ocorrência concomitante de duas ou mais funções em uma mesma mensagem implica o entrelaçamento de diferentes níveis de linguagem. Uma delas será predominante, mas a outra ou as outras também presentes, subsidiárias, dialogarão com a principal, compondo uma polifonia em que a função preponderante ocupará um grau hierarquicamente mais elevado na mensagem dada.

Assinala Chalhub que "uma mensagem de nível metalinguístico implica que a seleção operada no código combine elementos que retornem ao próprio código". Para melhor compreensão deste aspecto, transcrevemos, a seguir, a própria fala de Chalhub:

> Mensagens de perfil metalinguístico operam, portanto, com o código e o presentificam na mensagem.
>
> Poesia, por exemplo, é uma forma especial de linguagem. A poesia recebe sua forma de poema, o modo de o poema fazer-se poesia. Uma poesia que fala do ato criativo, da dificuldade de seu material – palavra – do conflito pedregoso diante da folha branca como "uma pedra no meio do caminho" (Drummond), da dificuldade desconfiada do ato de poetar, da palavra que é de uso de todos e que, no poema, necessita ser singular e exata para bem dizer-se, dizendo sua natureza: são temas metalinguísticos na órbita do criador-emissor.

As necessárias singularidade e exatidão da palavra, reclamadas pela linguagem poética, e pela linguagem literária em geral, indiciam, por si só, a relevância do fator código entre os demais fatores da comunicação, e, consequentemente, a relevância da função metalinguística na poesia, especialmente na poesia do século XX, e sobretudo na poesia produzida pelos movimentos de vanguarda, a partir da década de vinte, dadas as suas peculiaridades inovadoras, combativas, transformadoras. Entre essas poéticas, merecem especial relevo aquelas produzidas nos países europeus sob a égide do futurismo, do dadaísmo, e, no Brasil, durante a chamada fase heroica do Modernismo (1922-1930) e, posteriormente, a partir de meados dos anos cinquenta e por toda a década de sessenta e setenta, a partir do movimento da poesia concreta, e também em toda a poesia visual. Exatamente nestes períodos – do modernismo brasileiro, do concretismo, e nas duas décadas seguintes – foi produzida a obra poética de Edgard Braga.

No que tange a este aspecto, parece oportuno frisar o ensinamento de Décio Pignatari (2002), que, ao tratar do tema linguagem e metalinguagem e da distinção entre linguagem-objeto e metalinguagem, assim se pronuncia:

> Linguagem-objeto é a linguagem que se estuda; metalinguagem é a linguagem com que se estuda; é a linguagem instrumental crítico-analítica, que permite estudar a linguagem-objeto sem com ela se confundir. Ou ainda: quando a linguagem-objeto se volta sobre si mesma, ela tende a ser metalinguagem, beneficiando-se da fenomenologia. Este fenômeno é particularmente notável nas revoluções artísticas e de *design* (Dada, neoplasticismo e pop, nas artes visuais; dodecafonismo, música serial e eletrônica, na música; *nouvelle vague,* no cinema; Mallarmé, Joyce, Pound, na literatura; a revista *Mad* em relação às linguagens dos meios de comunicação de massas; Mies Van Der Rohe, na arquitetura). Segue-se daí que toda metalinguagem é marcadamente sintática, formal, estrutural.

Ainda segundo Pignatari, ele próprio poeta e um dos criadores e articuladores do movimento da poesia concreta, juntamente com Augusto de Campos e Haroldo de Campos, a formação cultural de natureza linguística ou "literária" não se mostra preparada para uma abordagem ampla do fenômeno artístico.

O ensaísta ainda realça que a hegemônica formação cultural de "tipolinguístico" ("literário") induz a maior parte de nossa chamada crítica de arte – literária, visual, musical, cinematográfica, arquitetônica – a manifestar-se subjetivamente, faltando-lhe a metalinguagem adequada a seu trabalho, uma vez que ainda parece estar voltada, aristotelicamente, para o *conceito*, o *conteúdo*, a *significação*.

Descontando-se eventual exagero, ainda assim o pronunciamento de Pignatari mostra-se importante para o reconhecimento de que o instrumental de cunho metalinguístico insere-se, hoje, sem dúvida alguma, no cerne de qualquer alicerce crítico e analítico que se pretenda sério, isento, abrangente.

Releva lembrar, outrossim, como o faz Pignatari, que a metalinguagem é um processo dinâmico, e que o criador habita a linguagem, alimentando-se de suas raízes. A imagem empregada pelo poeta-crítico, em tom visceral, dimensiona uma das preocupações centrais da criação artística no século XX e início do século XXI: estar na linguagem, em seu código, em sua materialidade ou fisicalidade.

Convém, neste ponto, trazer ao bojo de nossas reflexões o pensamento escorreito de Leyla Perrone-Moisés (1973, pp. 123--135), que, no ensaio denominado "A Crítica Estruturalista e Semiológica", inserido no volume "A Falência da Crítica", assim preleciona:

> O extraordinário desenvolvimento da linguística nos últimos cinquenta anos abriu novos horizontes metodológicos para as ciências humanas. Se o modelo linguístico mostrou-se proveitoso para a maior parte dessas ciências, impôs-se naturalmente no caso da literatura, cujo material (verbal) se liga ao próprio objeto da linguística.

Depois de discorrer sobre a diferença entre a linguagem literária e a linguagem corrente da comunicação, aludindo à função poética – tal como concebida por Jakobson – cuja essência di-

METALINGUAGEM E GÊNESE 43

fere substancialmente da função de comunicação, lembra Perrone-Moisés que "o sistema literário funciona segundo regras que lhe são próprias". Daí a proposta do estudo literário em sua materialidade e especificidade. Escreve a ensaísta:

Tratar-se-á pois de uma crítica do significante e não do significado, uma crítica imanente ao texto, objeto primeiro e último dos estudos literários. Para descrever o sistema literário de modo objetivo e econômico, buscar-se-á uma linguagem cada vez mais eficaz e sintética, uma *metalinguagem* cujo modelo pode ser fornecido pela formalização lógico-matemática ou pela linguística transformacional. [...]
Será abandonado o conceito de literatura como expressão de um sentido, para considerá-la como produção de significação.

Entre os demais pontos relevantes do ensaio em foco, estão as referências a afirmações de Júlia Kristeva e de Jean Starobinski (estas extraídas dos comentários sobre os Anagramas de Ferdinand de Saussure), cuja transcrição se afigura oportuna. De Kristeva, insere Leyla Perrone-Moisés a seguinte ponderação: "A prática literária se revela como exploração e descoberta da linguagem, como atividade que liberta o sujeito de certas redes linguísticas" ("Poésie et negativité", *Semeiotike – Recherches pour une sémanalyse*). Após a inserção, esclarece Perrone-Moisés que o tempo da escritura tem sua adoção proposta por Kristeva "quando se trata de um texto visto como produção, para diferenciá-lo dos conceitos e 'literatura' e de 'discurso'". A ensaísta brasileira ainda comenta, com a clareza que lhe é peculiar: "A escritura (isto é, o texto visto como produção e não como produto) é doravante considerado não como um *instrumento de representação* mas como o lugar de uma ação".

De Starobinski, a propósito dos *Anagramas* de Saussure, recorda Leyla Perrone-Moisés:

[...] que existe imediatamente por detrás do verso? A resposta não é o sujeito criador, mas a palavra indutora. Não que Saussure chegue a apagar o papel da subjetividade do artista: parece-lhe, entretanto,

44 A TRANSMUTAÇÃO METALINGUÍSTICA...

que ela só pode produzir seu texto depois de uma passagem por um pré-texto. Analisar os versos *em sua gênese* não será pois remontar imediamente a uma intenção psicológica: será precipuamente uma intenção psicológica: será preciso primeiramente pôr em evidência uma *latência verbal* sob as palavras do poema (grifos nossos).

O reconhecimento de que a análise da gênese de uma obra – texto, poema, narrativa – evidenciará naturalmente a latência verbal, ou, em outras palavras, o processo de construção e de materialização da obra obrigatoriamente nos remete aos postulados teóricos da crítica genética.

GESTO CRIADOR E GÊNESE

Como se sabe, a crítica genética tem por objeto o estudo do processo de criação da obra artística, por meio do exame e da análise de registros, rascunhos e outros documentos que retratam suas várias etapas de construção. Os primeiros teóricos da nova disciplina, desenvolvida na França, foram Louis Hay e Almuth Gressilon, destacando-se os esforços pioneiros dos estudiosos aglutinados em torno do ITEM – Institut des Textes et Manuscrits Modernes. Os primeiros estudos foram iniciados a partir do interesse de pesquisadores pelo estudo da obra e de manuscritos do poeta alemão Heinrich Heine.

Louis Hay e Almuth Gressilon foram os responsáveis pela formação dos primeiros grupos de pesquisadores, em meados dos anos sessenta e permaneceram dedicados aos múltiplos aspectos da nova disciplina. A partir da década seguinte, expandiram-se por vários países os estudos de originais, manuscritos, etapas de criação, sendo constituídas várias novas entidades voltadas à crítica genética.

No Brasil, o marco inicial dos estudos crítico-genéticos é apontado como sendo o I Colóquio de Crítica Textual: O Manuscrito Moderno e as Edições na Universidade de São Paulo, realizado em 1985, e organizado por Philippe Willemart, que é considerado o introdutor da crítica genética entre nós. Outro passo importante seria o aparecimento da Associação de Pesquisadores do Manuscrito Literário – APML, que além de promover encontros internacionais na área, estimulando e promovendo intensa troca de ideias e debates concernentes à disciplina, criou e edita a revista *Manuscrítica*.

Aderindo a tais esforços, o trabalho também pioneiro de Cecília Almeida Salles, nos anos seguintes, resultaria na criação, em 1993, do Centro de Estudos de Crítica Genética, cujos pesquisadores se dedicam à compreensão do processo de criação em diferentes linguagens, não somente a literatura, como o cinema, artes plásticas e gráficas, videoarte, publicidade, artes cênicas, música.

A digressão aqui se justifica, pois cumpre mencionar, desde logo, a patente e intrínseca relação entre a especificidade da metalinguagem desenvolvida na poética de Edgard Braga e a ótica da crítica genética, que, por ser crítica, e, portanto, operar sobre o código, é necessariamente metalinguística. A acentuada ênfase dada por Braga ao gesto de criação, a presença de sua marca de criador, em íntima conexão com a materialidade sígnica, nos remete, de imediato, a algumas das considerações apresentadas por Cecília Almeida Salles (1998), a seguir reproduzidas:

A crítica genética vinha se dedicando a estudos de casos: análise e interpretação do processo criador de determinados artistas. Pesquisas com o propósito de entrar na singularidade de um processo criativo, ou seja, envolver-se na *aura de unicidade* de cada indivíduo.

Por necessidade científica, mais recentemente, alguns pesquisadores vêm avançando em direção a uma generalização sobre o processo de criação, que leve a princípios que norteiem uma possível morfologia da criação. É o *estudo das singularidades buscando generalizações*.

[...]

O percurso da criação mostra-se como um emaranhado de ações que, em um olhar ao longo do tempo, deixam transparecer repetições significativas (grifos nossos).

Como bem observa Cecília Almeida Salles, *o processo de escritura tangencia o ato da descoberta*. Muitas vezes, o poeta principia um texto poético com algumas palavras que aparentemente sequer guardam nexo entre si e, repentinamente, percebe, descobre qual o teor de sua obra. É o descobrir sobre o que se escreve.

De acordo com o ensinamento de Salles, "em toda prática criadora há fios condutores relacionados à produção de uma obra específica, que, por sua vez, atam a obra daquele criador, como um todo". Tais princípios, segundo a autora, são "gostos e crenças que regem o seu modo de ação: um projeto pessoal, singular e único".

Prossegue Salles, reconhecendo que a vacuidade da tendência – ou do *caminho tensivo* percorrido pelo artista – gera atmosfera de imprecisão. O clima de abertura, o acaso, o risco, a aventura, a imprecisão, a vacuidade, presentes, de modo geral, na obra de todo criador, são *tematizados* com excelência na poética de Edgard Braga, sobretudo na produção posterior à década de cinquenta. Na verdade, ao tematizar o processo de criação, o poeta opera como se fora ele próprio um crítico genético, falando não somente deste objeto mas também da própria linguagem, e, realizando, amplamente, como poeta, a operação metalinguística concebida por Roman Jakobson. Quando realizamos a comparação "como se fora ele próprio um crítico genético", referimo-nos, em verdade, à obra do poeta em sua totalidade.

A análise de poemas que faremos neste estudo melhor explicitará esta questão, pois será possível observar como vários dos temas metalinguísticos eleitos, voltados para a gênese e para o processo de criação, são retomados por Braga em diferentes fases temporais. Esta recorrência indica a reiteração de processos crítico-reflexivos. A retomada de mesmos temas e, por vezes, de mesmos elementos sígnicos, sobre os quais novos trabalhos de composição se instauram parece ocorrer de forma análoga à do criador que revisita seus cadernos de anotações, rascunhos, frases, esboços, para dali fazer emergir novas criações. Em outras palavras, o exame de aspectos temáticos e formais da obra poética braguiana induz à conclusão de que alguns de seus poemas funcionam, em relação aos outros, como rascunhos, esboços, fases de uma mesma obra, que constantemente se refaz.

Retomando a questão da gênese, da vacuidade e da imprecisão destacadas por Cecília Almeida Salles, e já mencionadas neste capítulo, entendemos oportuna a transcrição da fala de Augusto de Campos, inserida no prefácio ao livro-álbum *Algo*, lançado por Braga em 1971. Referindo-se não só ao novo livro, mas também a obras anteriores do poeta, escreve Augusto de Campos (1971):

[...] outras surpresas: os poemas "tatuados", de grande versatilidade material, do poema-objeto manuscriturado sobre espelho ao *limite do olho*, com carimbos, onde as superposições e a maior ou menor precisão das letras fazem oscilar a percepção entre legível e o ilegível num informalismo semântico cheio de ambivalências significantes. há em Braga uma preocupação latente ou patente com a gestação do poema.

Nas palavras de Augusto de Campos sobre a poesia de Braga, é possível detectar a ênfase dada à imprecisão, aspecto examinado por Salles (1998), em seu livro *O Gesto Inacabado*:

A vagueza da tendência leva ao ambiente de imprecisão relutante. O processo de criação dá-se na relação entre essa tendência e mobilidade do percurso que está necessariamente inserido no fluxo da continuidade.
[...]
É a tensão entre projeto e processo, deixando aparente o ato criador, como um projeto em processo.

Salles ainda afirma que, em termos bastante gerais, "a criação realiza-se na tensão entre limite e liberdade: liberdade significa possibilidade infinita e limite está associado a enfrentamento de leis". E, naturalmente, "a existência de um propósito, mesmo que de caráter geral e vago, é o primeiro orientador de nossa liberdade limitada".

2

A Poética de Edgard Braga no Tempo

PANORAMA

Ao longo de seis décadas, a poesia de Edgard Braga conheceu transformações profundas, sempre em busca de renovação da linguagem. Principiando, nos anos vinte, pelos poemas integralmente verbais, de sintaxe convencional, em sintonia com as características da época, a poética braguiana iria, aos poucos, se libertando de toda e qualquer necessidade métrica ou de rima, valendo-se de versos brancos e, buscando, cada vez mais, o caminho do espacialismo. Posteriormente, entre os anos cinquenta e sessenta, iria aderir expressamente ao concretismo e incorporar ao seu fazer poético o conjunto dos postulados e princípios do movimento. Neste período, Braga chegaria, inclusive a ter vários de seus trabalhos incluídos na *Revista Invenção,* integrando a equipe que a editava, juntamente com Décio Pignatari, Haroldo de Campos, Augusto de Campos, José Lino

Grunewald, Pedro Xisto e Ronaldo Azeredo. Nesta época, Braga começaria a ser internacionalmente reconhecido como um dos principais poetas concretistas brasileiros, tendo vários de seus poemas traduzidos para o idioma inglês pelo respeitado poeta e tradutor escocês Edwin Morgan. Essas traduções viriam a figurar em antologias e mostras realizadas em todo o mundo.

Porém, embora o ápice do reconhecimento de seu trabalho tenha ocorrido na fase em que sua poética se construiu de acordo com os cânones da estética concreta, um longo caminho, de mais de duas décadas, antecedeu este momento. E, posteriormente, a poética braguiana ainda se manteria em constante processo de transformação, pelas outras duas décadas que se seguiram à fase do concretismo. Sobre esta fértil trajetória apresentaremos um panorama, privilegiando os aspectos já mencionados no capítulo anterior, a saber, a questão metalinguística, a condensação da linguagem, a ênfase dada à reflexão sobre a gênese poética.

A extensa obra de Edgard Braga compreende os seguintes livros e conjuntos:

A Senha (escrito em 1931 e publicado em 1933)
A Lâmpada sobre o Alqueire (1946)
Odes (1951)
Albergue do Vento (1952)
Inútil Acordar (edição de 1953, poemas de 49/50)
Lunário do Café (1954)
Subúrbio Branco (1959)
Extralunário (1960)
A Corrente (1961, datilografado, mimeografado)
A Voz de Vós (1961, datilografado)
Soma (1963)
Algo (1971)
Tatuagens (1976)
Murograma (1982)

Infância (1983)
Avulsos (1963-1970)[1]
Desbragada (1984).

Pertencem à primeira fase da poesia de Braga os livros *A Senha* (1933), *Lâmpada sobre o Alqueire* (1946), *Odes* (1951), *Albergue do Vento* (1952), *Inútil Acordar* (1953), *Lunário do Café* (1954). Pertencem a um momento intermediário, de transição, de poesia verbo-visual, de aproximações com a poesia concreta e de poesia concreta os livros *Subúrbio Branco* (1959), *Extralunário* (1960), *Soma* (1963), *A Corrente* (1961, datilografado e mimeografado) e *A Voz de Vós* (1961, datilografado). A fase da poesia visual compreende as obras *Algo* (1971), *Tatuagens* (1976), *Murograma* (1982), *Infância* (1983), e poemas incluídos no conjunto *Avulsos*, poemas que não integram nenhum dos livros anteriores, estando, porém alguns deles inseridos na antologia *Desbragada*, como já se mencionou.

POESIA VERBAL

A primeira fase, de poesia integralmente verbal, iniciada nos anos vinte e desenvolvida até meados dos anos cinquenta, ainda trazia características e influências de natureza tardo-simbolista e pré-modernista[2]. Coexistiam na poética braguiana desde elementos inspirados nas obras do neoparnasianismo, até elementos oriundos do simbolismo, e do modernismo, estas ainda incipientes, mas certamente fruto do intenso contato mantido

---

1. O conjunto denominado *Avulsos* compreende poemas elaborados entre 1963 e 1970, muitos dos quais estão inseridos exclusivamente na antologia *Desbragada*, editada em 1984, pela Max Limonad, com organização de Régis Bonvicino.
2. A crítica, em geral, menciona este período como tardo-simbolista. Haroldo de Campos, todavia, prefere a expressão *tardo-simbolismo pré-modernista*, que melhor se adequa à poética que, além de trazer infuências tardias da estética simbolista, já antecipava características literárias próprias do modernismo, que logo se seguiria. Ver prefácio a *Desbragada*, de Campos.

52 A TRANSMUTAÇÃO METALINGUÍSTICA...

pelo poeta com muitos dos representantes da chamada fase heroica do modernismo, inclusive Oswald de Andrade, de quem se tornou grande amigo.

O primeiro livro de poesia de Edgard Braga foi publicado em 1933.

Trata-se de um poema épico, inspirado na Revolução de 1932, na participação que ele próprio, como médico, teve, neste instante histórico, e nas preocupações sociais e políticas que norteavam seu pensamento, no período. Concebendo educação e saúde como pilares relevantes de uma verdadeira e necessária revolução cultural, o médico e poeta estreante Braga ainda não apresentava em sua linguagem sinais da ebulição que, décadas depois, viria a marcar seu trabalho estético e sua trajetória poética como uma das mais inovadoras e ousadas do panorama literário brasileiro.

Antes da publicação de *A Senha*, um poema de Braga fora divulgado em jornal. Denominado *Os Loucos,* o poema é construído por dez estrofes de três versos cada uma, com observância de métrica, mas sem o rigor excessivo do parnasianismo, e também com algumas características simbolistas. Transcrevemos, a título de exemplo, a sexta e a sétima estrofes:

VI

No alto, um astro branco espreita os loucos,
e os miseráveis, com os punhos contorcidos,
namoram a lua, latindo com os cães ....

VII

Flutua a névoa da tarde, cai a treva
E o frio, astro silêncio, soturnamente
A alma das coisas, qual lençol de chumbo.

Constata-se pela leitura deste trecho que a ênfase é dada ao tema e que a forma segue os cânones tradicionais, havendo linguagem ainda predominantemente denotativa e evidentes influências parnasianas e simbolistas. Influências parnasianas, no

A POÉTICA DE EDGARD BRAGA NO TEMPO 53

que tange à métrica, pois Braga utiliza versos decassílabos, embora não os componha todos alexandrinos, como os legítimos representantes da poesia parnasiana. E influências simbolistas, a caminho de um lirismo de cunho metafísico, que ainda viria a impregnar boa parte de sua produção, como se mencionará à frente.

No poema épico *A Senha*, algumas dessas características e influências já são visíveis no início do texto:

Só, dentro da noute, elle cisma horas a fio:
a luz do pensamento qual um lírio aberto,
illumina-lhe a alma e o vasto céo deserto.

Corta o frio.
               A poalha impalpável da garoa
O atormenta...

               A seus pés, o acampamento dorme...

A presença de descrições e narrações, bem como a utilização de linguagem predominantemente denotativa são algumas das características essenciais deste momento poético inicial de Braga, ainda impregnado de verbalismo, como a maior parte da produção da seus contemporâneos, àquela época.

Embora a poesia ainda estivesse centrada na referencialidade, e privilegiasse a linguagem denotativa, já insinuava a busca de um diálogo com o imaterial, deixando entrever por pequenas frestas alguns indícios da valorização da alma e da transcendência. As comparações são simples: a luz do pensamento é comparada a um lírio aberto. E o céu aberto está a iluminar a alma do combatente. Garoa impalpável, céu aberto e lírio tecem um plano de suavidade, contrastante com a luta e a realidade da revolução em curso, conferindo certa coloração emotiva à palavra poética.

Em *Lâmpada sobre o Alqueire*, livro seguinte de Braga, que reúne a poesia produzida nos anos trinta e quarenta – até 1946

54   A TRANSMUTAÇÃO METALINGUÍSTICA...

– incluindo, ainda, alguns poemas dos anos vinte, que haviam permanecido inéditos – as mesmas características anteriores são encontradas, com algumas inovações que viriam a constituir índices das experiências futuras.

O livro compõe-se de cento e vinte e cinco poemas, distribuídos por quatro partes: "Ritmos da Hora que Passa", "Ritmos da Solidão", "Ritmos Alados" e "Ritmos Heroicos e Românticos". A primeira parte, "Ritmos da Hora que Passa", contém quarenta poemas; a segunda, "Ritmos da Solidão", apresenta vinte e quatro poemas; a terceira, "Ritmos Alados", possui vinte poemas; e a quarta, "Ritmos Heroicos e Românticos", contém quarenta e um poemas.

Alguns dos poemas trazem homenagem a locais e pessoas, inclusive ao Estado de Alagoas, em que nasceu o poeta, à cidade de São Paulo ("Ipês de São Paulo"), a Anchieta, exibindo as mesmas características tradicionais apontadas acima, comuns à maior parte da produção poética de fins da década de trinta e início da década de quarenta, produção na qual germinou a poesia da Geração de 45. Mas, embora praticasse essa poesia verbal, de linguagem essencialmente denotativa, com figuras de linguagem de fácil assimilação, emprego de adjetivos e sutilezas próprias do período simbolista, não estava Braga totalmente satisfeito e à vontade em tal atmosfera estética. Mas tarde, diria ele ao jornalista J.J. de Moraes que se sentia cansado e insatisfeito com "o mármore gelado do parnasianismo" e, depois, com "a palavra poética do simbolismo". Nesta mesma entrevista[3], concedida em 1977 e transcrita por José Aloísio Nunes de Lima (1990), completaria o poeta:

Não sabia direito o que procurava até que a partir do Congresso de Poesia de 1948, encontrei o nascente Grupo Concreto, composto

3. A transcrição da entrevista está inserida na dissertação de mestrado de José Aloísio Nunes de Lima, intitulada *A Poesia Mutante de Edgard Braga*, apresentada à PUC-SP, em 1990, no Programa de Estudos Pós-Graduados em Comunicação e Semiótica (p. 24).

A POÉTICA DE EDGARD BRAGA NO TEMPO 55

inicialmente de três rapazes. Digo rapazes porque eles tinham, então, ao redor de 20 anos. Eu já estava na casa dos 50. Fiquei perplexo de perceber a seriedade e a cultura de Haroldo de Campos e o grau de novidade que eles traziam para a poesia brasileira. E eles me receberam de braços abertos, apesar das diferenças de idade.

Antes, porém, das grandes transformações da poética braguiana, impulsionada especialmente pelo intenso diálogo que, nos anos cinquenta, viria a travar com os concretistas, era publicada, nos anos quarenta, mais uma obra de Edgard Braga, ainda contendo poesia eminentemente verbal, obediente ao discurso lógico e à sintaxe tradicional: o livro *Lâmpada sobre o Alqueire*[4].

Entre os cento e vinte e cinco poemas do livro, alguns, evidentemente, se destacam, por algumas peculiaridades que já apontam para o perfil de experimentação que se instalaria posteriormente em sua obra, nas décadas seguintes. No poema intitulado "A Agonia do Rio" (pp. 20-21), por exemplo, encontramos um certo espacialismo, um princípio de desenho das letras na página, como a sugerir o movimento das águas do rio.

A reprodução de uma breve sequência elucidará o que se expôs:

Rio

   tão fino,

     estreito,

      tão frio...

Os versos finais do poema descrevem o movimento do rio ao coração da cascata. E uma cascata é, de fato, sugerida pelo desenho das palavras e versos sobre o papel. Um espacialismo, ainda tímido e incipiente, começava, pois, a manifestar-se na poesia de Edgard Braga.

---

4. Relevante notar que a publicação de *Lâmpada sobre o Alqueire* não partiu de um projeto pessoal de Braga. Sua primeira esposa ia guardando os poemas e providenciou a edição como uma surpresa de aniversário a Braga.

Outros poemas do livro mostram a intenção de diálogo com a poesia modernista, diálogo esse que somente se consumaria e se intensificaria mais tarde, em algumas referências ao fazer poético. Pré-projeto de uma futura metalinguagem? Na primeira parte do livro, tem-se "A um Poeta Modernista", em que o autor assevera:

> Não vale a pena cantar as estrelas:
> (elas estão muito longe no céu intangível...)
> canta, por isso, as estrelas do poço,
> nesse teu quintalejo pobre e esquecido
> onde roupas esfarrapadas, nos varais, imitam
> o fantasma dos homens sem consolo...
>
> Canta a vida que passa...

Reconhecendo a impossibilidade de se alcançar o céu, o Absoluto tão caro aos simbolistas, o poeta sugere que se cante os pontos luminosos do poço, da miséria, do abandono, da pobreza, para concluir com versos significativos;

> Canta, poeta, as estrelas azues do poço:
> O céu mora dentro dele! [*sic*]

O fazer poético é, aqui, portanto, seu tema – o objeto a ser cantado pelo poeta. Centrando o olhar sobre a poesia, está Braga, ainda que de modo tênue, principiando a construção do eixo metalinguístico que dominaria a maior parte de sua obra futura.

Interessante registrar que, no poema *Ceifa*, pertencente, também à primeira parte do livro, Braga faz alusão expressa ao célebre poema "Os Sapos", de Manuel Bandeira, o qual, apresentado na Semana de Arte moderna, ironizando as rimas perfeitas e o excessivo rigor formal dos parnasianos, acabaria por se tornar um dos poemas emblemáticos da chamada fase heroica do Modernismo.

Em "Ceifa", escreve Braga:

Crescente de lua,
Espelhos de águas desnudas
Ceifadas na luz...

A viola de prata...
Ah! Com os sapos deixei
Que tangem o bordão...

Foi! Não foi! Foi! Foi!
Caiu a árvore, ferida
De um golpe veloz.

Embora exista alusão ao poema de Bandeira, vê-se que o tom, a dicção, a linguagem de Braga ainda guarda afinidade com a poética mais tradicional. "Espelho de águas azuis", "pupilas de vidro", "alfange da lua" são figuras totalmente integradas à expressão poética dos simbolistas e parnasianos. Muitas outras imagens do livro *Lâmpada sobre o Alqueire* retratam a essência do simbolismo ou mesmo do pós-simbolismo ou tardo-simbolismo, valendo citar, entre elas, as seguintes: "crespúsculo liláceo", "lanterna sutil dos vaga-lumes", "palor do luar que a noite acente", "olhos de vidro das estrelas", pertencentes ao poema "Ode" (p. 88). De "Poeta", destacam-se, neste diapasão, "gotículas de luz", "rosa cor de neve", "pólen irisado da corola" (p. 121). São figuras de tons francamente simbolistas, que constróem um cenário imagético próprio, bem característico desta estética literária.

Um dos poemas, "Manhã Colorida" (pp. 68-74) traz sons onomatopaicos – "plã... / rataplã... rataplã", na abertura da primeira estrofe e retomados em estrofes diferentes, e, depois, mais adiante – "Currupáco, papáco!"... [*sic*] – sugerindo uma busca da fisicalidade do signo a serviço da expressão, da intenção do poema, que, neste caso, é descrever a manhã, em todas as suas nuances. A exploração da materialidade sígnica, talvez ainda

58 A TRANSMUTAÇÃO METALINGUÍSTICA...

não o soubesse Braga, seria por ele levada às últimas consequências, sobretudo nas obras dos anos setenta e oitenta.

De qualquer forma, infere-se do exame dos poemas de *Lâmpada sobre o Alqueire* que uma nascente atenção à metalinguagem e um certo interesse pela materialidade do verbo surgiam. Muitos anos mais tarde, estes aspectos viriam a constituir pilares da poética braguiana.

É preciso deixar claro, também, que a referencialidade ainda predomina nesta poética inicial, que homenageia seres e lugares, descreve paisagens humanas e estados de alma, narra acontecimentos e se apresenta impregnada de elementos de religiosidade. O próprio título do livro é extraído de um versículo do Evangelho de São Mateus. Deste mesmo texto bíblico do Novo Testamento foi retirada a epígrafe do livro: "Ninguém acende uma candeia e a coloca debaixo do módio, mas no velador, e assim alumia a todos que estão na casa" (Evangelho de São Mateus, v.15). Adjetivos, exclamações, vocativos e reticências ajudam a tecer uma atmosfera em que as emoções ainda transbordam, embora a reflexão, paralelamente, as acompanhe.

Deve-se ter presente que *Lâmpada sobre o Alqueire* difere completamente de todos os demais livros de Braga, anteriores e posteriores, pela grande quantidade de poemas que o compõem – cento e vinte e cinco, enquanto os demais livros, geralmente, trazem somente poucas dezenas de poemas. O fato se explica, provavelmente, por ter sido a edição do livro uma iniciativa da primeira mulher de Braga, Elvira, que simplesmente ia guardando os poemas para surpreendê-lo e homenageá-lo com a publicação. Por não ter havido um projeto pessoal do próprio poeta, também não ocorreu a seleção, que, certamente, conduziria à considerável redução do número de poemas.

Posteriormente à publicação de *Lâmpada sobre o Alqueire*, precisamente seis anos depois, foi editado o livro *Odes,* que reúne trinta e quatro poemas de Braga. Com capa de Mário Trejo, foi confeccionada pela Alarico Edições uma tiragem pequena, de apenas trinta exemplares, todos numerados e assinados pelo autor. São odes à moda de Ricardo Reis, heterônimo de Fernando Pessoa, que, por seu turno, retomava a forma e a concepção clássica da poesia de Horácio. Métrica e rima são, enfim, abandonadas neste livro. Versos livres e brancos conduzem o pensamento poético de Braga a um caminho um tanto diverso daquele que até então trilhara.

Inicia-se com esta publicação um trabalho de contenção da linguagem. Diminui a quantidade de adjetivos, desaparecem as exclamações. O excesso de emoção e de verbalismo passa a dar lugar à reflexão, em tons intimistas, guiados por suave musicalidade.

Figuras como "árvores em fogueira de assombro surdas à cor" ("Ode X", p. 19), "amanhecer do mar sem ilha barco às volutas praias, sonho" ("Ode III", p. 11) disseminam esta musicalidade pela poesia, que, agora essencialmente reflexiva, incita o leitor à busca do instante íntimo em que se opera a conexão com o Todo. Lê-se, por exemplo, na "Ode III":

.... sê só teu,
como o arbusto ao sopro da borrasca,
invulnerável, mudo,
entre abismo e céu.

Semelhantes exortações ao encontro do eu consigo mesmo estão presentes noutros poemas do livro. Transcrevemos, a seguir, alguns dos mais belos exemplos:

VII
Nada esperes de outrem,
sê contigo só teu pão de espírito.
Ao que inda sobrar
de tua antiga fome,
dá o que em ti houver em trigo,
que o ser a sós, consigo,
é povoar-se em estrelas.

p. 16

VIII

Mais um dia amanheço, e me inconformo
ao conformismo de todas as manhãs
em ser a hora
e igual em tudo.
Antes, supero, e à conversão das coisas,
nem me integro, nem me deixo ir.
Em mim mesmo noite,
intacto, permaneço...

O poeta, tal como Ricardo Reis (em que se inspira), tece em linguagem e pensamento elevados a própria estrutura da natureza, na busca da liberdade e da plenitude que entende serem provenientes da naturalidade. O apuro da musicalidade é uma constante nas odes de Braga:

XXX

Aqui, mais nada.
(Passou o outono em seu lugar de sega).
Eu e o muro,
Além, sombras ....
Múrmuro vento cria folha e espaço,
e entre mim e o escuro,
neste chão pisado,
pedra perduro.

p. 39

Pontos luminosos, epifanias, ritmo interior, pulsação do Eu, cadências do Cosmo se revezam no elaborado texto poético de Braga:

Astros buscai nas barcas no cansaço...
"Ode XI", p. 20.

Em 1952, é publicado *Albergue do Vento*, o quarto livro de poemas de Edgard Braga (São Paulo, João Bentivegna, 39 páginas). Trata-se de uma coletânea de apenas quinze poemas, com epígrafe extraída de Keats:

Beauty is truth, beauty – that is all
We know on earth and all need to know

Existe distância de apenas um ano entre a publicação de *Odes* (1951) e de *Albergue do Vento* (1952), e, portanto, as semelhanças formais e temáticas são visíveis entre elas. O universo greco-romano, evidente nas odes braguianas, ainda permaneceria presente no livro seguinte. Frequentes referências a figuras mitológicas, como centauros e quimeras, fornecem ao texto poético de Braga uma tessitura um tanto onírica, que se pode exemplificar com os versos:

...
Nas flautas da noite, cria a música a ronda dos
        centauros
                        "Ronda de Estrela", p. 15.

O "Poema Cretense", que se abre com a invocação "Ó Monstro! Não despertes a carne que a treva desgasta nos poluídos corredores" é outra evidência da retomada do universo greco-romano. A gênese deste poema poderá – talvez – guardar relação com o feto ciclópico cujo exame constituiu o objeto de tese de formatura de Braga em Medicina e sobre o qual se fará menção na biografia. De qualquer modo, caso seja verdadeira essa hipótese, interessante observar como o poeta terá vestido a impactante situação real com a atmosfera onírica da mitologia grega, aludindo ao Minotauro, enveredando pela esfera fértil das correlações e analogias. Outras referências corporificam e alargam o universo greco-romano delineado por Braga neste livro, como "Sibila de espanto, prenúncio de febre...", no "Poema Mendicante", e "A infância em sua túnica de lenda, como o loto de passadas quimeras...", no poema "Ronda de Estrela".

E, ao nomear um de seus poemas de "Epidáuria", Braga está, em verdade, a invocar o deus protetor da medicina, outra figura mitológica. Epidáuria é o nome da festa celebrada em honra do deus greco-romano Asclépio (que os romanos chamavam de Esculápio), considerado o patrono dos médicos, e cujo templo mais famoso, construído no século VI. a.C., chamava-se Epidauro. O poema se inicia com o verso: "Flamas, mãos iluminadas de renúncia, e o golfo exilado em sua memória de peixe, címbalo e tamborim............" e termina com uma exortação ao poeta: "Sê, ó poeta, a chave e o tambor nos caminhos do reino". É reconhecida, na ação do poeta, senhor da linguagem, uma especial missão. De criar, recriar, discriminar, selecionar, chamar, invocar, evocar. Neste mesmo diapasão o belo verso final do poema "Transgênese": "Um furor, o verbo semeia aurora" (p. 19). As referências de teor metalinguístico reaparecem. A ênfase à gênese se evidencia no título *Transgênese*.

Importante frisar, de qualquer modo, que uma busca metafísica se insinua com mais intensidade neste livro, e, aliada ao trabalho com a linguagem, produz momentos de iluminação, e epifanias. Entre essas passagens epifânicas especiais, merecem citação:

> Tua língua bifurcada vibrando no espaço fere
> cordas invisíveis que acendem relâmpagos
> "Encantação", p. 14.

> Em tábua batida de tempo, a presciente lança de
> ferro ponteada de estrela, grava a nova
> sintaxe e ilumina o albergue do vento......
> "Rapsódia", p. 28.

O livro seguinte de Edgard Braga, *Inútil Acordar*, editado em 1953 (Livraria Martins Editora, capa de Aldemir Martins) contém poemas escritos entre 1949 e 1950, anteriores, portanto, à criação das *Odes* e de *Albergue do Vento*. Naturalmente, guarda proximidade estilística com *Lâmpada sobre o Alqueire*. A tonalidade simbolista ainda percorre todo o livro.

Os poemas estão agrupados em três partes: I – "Contemplação", II – "Caminho", e III – "Inútil Acordar", as quais, reunidas, compõem, a Trilogia de Orfeu. O ambiente mítico já se fazia presente, ao lado das preocupações com o rigor e a precisão da linguagem, e das reflexões sobre a finitude do homem, da busca de explicações para essa finitude, e da densidade reflexiva e matafísica, presente em versos como:

Ó Abismo, libertação
do espiritual, limite do incorpóreo
onde a flama é a única divisa!

II – "Caminho", *Seja a meditação repouso e anseio*

No ano seguinte, 1954, Braga publicou seu quinto livro de poemas, *Lunário do Café* (João Bentivegna, Edições Leia, São Paulo, com ilustrações de Di Cavalcanti, 23 páginas), completando, assim, esta série de quatro livros publicados em quatro anos seguidos: em 1951, *Odes*; em 1952, *Albergue do Vento*; em 1953, *Inútil Acordar*; e, em 1954, *Lunário do Café*. Este seu livro de 1954, embora ainda contenha, estilisticamente, as características das obras anteriores, o objeto focalizado torna-se mais palpável, real. O grau de referencialidade aumenta. O poeta se volta para o realidade do folclore de São Paulo e canta os ciclos do café. Emprega tom coloquial para pintar um retrato da vida nas grandes propriedades rurais e das influências africanas. Exemplo máximo dessa tônica está no poema "Lundum":

Então, chamei o meu povo,
(Valetes, clero, nobreza).
Gente minha, vou partir,
Quero o cavalo alazão.

....

Êh, jongo, de bungolê,
Jongo, bungolê!

Sinhozinho, parta não..........

p. 13

A publicação de *Lunário do Café*, em 1954, marcou o término de um período na poesia de Braga, período esse iniciado em 1933, com sua estreia poética. Nesta fase, que compreendeu a publicação dos livros *A Senha*, *Lâmpada sobre o Alqueire*, *Albergue do Vento*, *Inútil Acordar* e *Lunário do Café*, Edgard Braga manifestou algumas influências parnasianas, tendências cada vez mais simbolistas, revisitou a atmosfera da Antiguidade e da cultura greco-latina, caminhou para um certo hermetismo, tangenciou as portas da metafísica e principiou, com *Lunário do Café*, a entrar seu olhar poético sobre a realidade física, visível, ensaiando o ajuste de foco sobre temáticas cada vez mais concretas.

Entre 1954 e 1959, Braga não publicou nenhuma obra poética, mas desenvolveu, em silêncio e com grande empenho, o próprio instrumento sensível. Futuramente, com arrojo e ousadia, sua ação o tornaria um dos mais representativos autores da nova poesia dos anos sessenta, setenta e oitenta.

Neste hiato entre suas publicações, Braga aposentou-se, com elogios, como funcionário – Diretor dos Centros de Saúde Pública – da Secretraria de Saúde do Estado de São Paulo (1957). Justamente no ano de 1954, como já se assinalou, ocorrera o concurso de poesia "Mário de Andrade", de que ele próprio fizera parte da Comissão julgadora, também composta por Cassiano Ricardo, Antônio Cândido e Osmar Pimentel, entre outros. Augusto de Campos e Haroldo de Campos haviam participado do concurso e seus trabalhos causaram em Braga certo impacto e uma impressão altamente favorável.

Lendo as edições da Revista Noigandres, especialmente o segundo número, publicado em 1955, e que trazia as bases da poesia concreta, Braga detectava no nascente movimento concretista "uma riqueza extraordinária", segundo suas próprias palavras. Vislumbrava nas propostas dos concretos a abertura de portas para sua trilha poética. As influências não tardariam a surgir.

O primeiro livro de Braga a manifestar – ainda que timidamente – a expressão dessa rica influência é *Subúrbio Branco* (1959, Clube Poesia, São Paulo), editado na coleção "Poetas do nosso Tempo".

ESPACIALISMO

Subúrbio Branco foi lançado na coleção dirigida por Milton Godoy Campos. O livro se reveste de sóbria capa em dois tons de verde, letras brancas e pretas, sem qualquer ilustração, e contém o prefácio de Ruggero Jacobbi intitulado "A Poesia de Edgard Braga", na verdade um estudo crítico amplo, com análise de livros anteriores do poeta, como *Albergue do Vento*, *Inútil Acordar* e *Lunário do Café*. Uma curiosidade presente na obra é o autorretrato de Braga, que consta da página 8.

Ainda fiel a seu costume e à sua tendência de subdividir suas obras em partes, neste livro de 1959, Braga apresenta trinta e um poemas distribuídos em duas partes. A primeira delas tem por título o próprio nome do livro – "Subúrbio Branco" – e contém vinte poemas. A segunda parte, intitulada "Terraplenagem", e traz mais onze poemas e, entre esses, os mais radicalmente influenciados pela então nascente estética concreta.

Interessante observar, também, que, pela primeira vez, Braga se utiliza de um verso de sua própria autoria para epígrafe: o verso extraído do livro *Odes*, de 1951, e do qual brotara o título deste novo livro:

Domingo, Vera, é meu subúrbio branco...

A utilização parece explicitar ondas e movimentos de uma viagem autorreflexiva sobre o seu próprio trabalho com a linguagem, uma viagem cíclica que, aliás, forneceria outro exemplo digno de nota: o título de sua obra seguinte, *Extralunário* (1960), alusão paródica a seu próprio anterior título, *Lunário do Café* (1954).

Tornando a *Subúrbio Branco*, cabe registrar que, em sua primeira parte, vários dos poemas são formas poéticas clássicas, consagradas entre os gregos: seis odes e três elegias. Àquela altura, já fora a ode amplamente empregada por Braga, sendo o seu terceiro livro totalmente dedicado a essas composições poéticas. Em *Subúrbio Branco*, o poeta insere uma ode dedicada ao

66　A TRANSMUTAÇÃO METALINGUÍSTICA...

poeta italiano Ungaretti, e mais cinco odes breves, tão somente numeradas – ode breve 1, 2, 3, 4 e 5.

E, a refletir sobre a antítese do canto comum à ode, impregnado da visão antilírica do Modernismo, está o poema justamente intitulado *antiode*, que se abre com verso de máxima coloquialidade, e que é o primeiro poema do livro:

> lua sem nenhum sentido
> o pensamento da montanha
> cobre de olvido.

p. 23

Algumas das odes, porém, já trazem claras influências concretas: ausência de verbos, busca da sintaxe anagramática e extrema valorização do significante. Merece destaque a *ode breve* – 2, construída com abundância de aliterações e jogos fônicos:

> roda azul
> roda enrola
> a orla da vaga
> colo e corola
>
> as olas da palma
> são filtros azuis
> punhais.

p. 30

Considerando-se as definições dicionarizadas de ode: *1.* entre os antigos gregos, composição em verso que se destina a ser cantada (as odes de Píndaro); *2.* composição poética de caráter lírico, composta de estrofes simétricas, verifica-se que pouco se manteve de sua essência nas odes braguianas de 1959. Permanecendo canto, traziam, contudo, uma nova espécie de lirismo, perpassado pela dicção dos modernistas e pelas novas ideias poéticas introduzidas pela vanguarda concretista.

A POÉTICA DE EDGARD BRAGA NO TEMPO 67

Entre as elegias do livro, a "elegia breve – 2" apresenta alto grau de refinamento sonoro, merecendo transcrição a série de aliterações sibilantes presentes na primeira estrofe:

sereia à janela
subúrbio de cassa
serena se espelha
a louça da casa

p. 35

A elegia – também poema em voga entre os gregos e latinos da Antiguidade – caracterizava-se pelo teor lírico, pela tonalidade triste e por vezes terna, e se estruturava em versos hexâmetros e pentâmetros. Todos os versos da estrofe acima transcrita são de cinco sílabas, pentassilábicos ou pentâmetros. A ênfase dada ao aspecto sonoro do significante é a característica nova, introduzida pelo poeta a partir de sua franca abertura aos postulados do concretismo.

Mas a influência se mostraria ainda mais explícita na segunda parte do livro, "Terraplenagem". A escolha desse título já aponta para o ato de revolver o terreno da linguagem, dilacerar e reagrupar os elementos das palavras e frases em busca de uma nova sintaxe. Assim como são realizadas, no procedimento de terraplenagem, operações de escavação, transporte e compactação de terras, necessárias à posterior realização de uma obra, nos poemas da segunda parte de *Subúrbio Branco*, Braga dá início a uma verdadeira dilaceração de seu texto poético, deixando as primeiras pistas nítidas da concretude que buscava. O próprio vocabulário escolhido, terraplenagem, é claramente indicativo da atividade táctil e física com os signos que viria a ser desenvolvida pelo poeta nos anos seguintes.

Como parte da nova concepção, versos extraídos do Canto LXIX de Ezra Pound foram escolhidos por Braga para a epígrafe da segunda parte de seu livro: "periplum, not as land looks on a map, but as sea bord seen by men sailing" (p. 43).

Uma verdadeira progressão pré-concreta se desencadeia nesta obra, até os quatro últimos poemas do livro, experimentos

68   A TRANSMUTAÇÃO METALINGUÍSTICA...

essencialmente concretos (*terraplenagem, papagaio, sabiá e gênese*). "Gênese"[5], talvez o mais bem acabado dos quatro, é também o poema que encerra o livro, deixando entreaberta a porta da inventividade pela qual sua poética agora entrava de modo definitivo.

Extralunário – Poemas Incomptos é o oitavo livro de poemas de Braga. Editado pela Livraria Martins Editora, em 1960, com sóbria e elegante capa de Fernando Lemos (em três cores, vermelho, preto e branco) e estudo crítico de Cassiano Ricardo, contemporâneo de Braga. Mais uma vez, estruturado em duas partes, traz cinquenta poemas. Tem-se: I Parte – "Poemas Diaclásicos" e II Parte – "Poemas Diacústicos". Entre essas partes, existe um *intermédio* – rápido, composto pelos poemas *limiar, almo limbo, sinal, seleção, salmo, caminho, ilha* e *som eco*.

Aderindo completamente à nova poesia, Braga dedica *Extralunário* a seu amigo Oswald de Andrade e expressa a radicalidade agora presente em seu pensamento poético:

> este livro se destina à jovem
> mentalidade poética inconformada com
> a volta de muitos às superadas
> fórmulas (geriátricas) que a semana
> de arte moderna combateu

Como anotamos em artigo intitulado "Braga-lume", publicada na revista *Dialética* n. 5[6],

> [...] de um modo geral, a crítica costuma frisar que a melhor produção poética de Braga principiaria após os anos 60, sobretudo a partir da publicação de *Soma* (1963). Mas creio ser justiça salientar os belíssimos movimentos de transição poética (mutação, construção, descons-

---

5. O poema "Gênese" está analisado no capítulo 3.
6. Beatriz Helena Ramos Amaral, "Braga-lume", *Dialética*, ano 7, n. 5, março 2001, Maceió, pp. 11-17.

A POÉTICA DE EDGARD BRAGA NO TEMPO   69

trução, re/construção) presentes no livro *Extralunário*, editado em 1960, pela Livraria Martins Editora.

Se, em *Subúrbio Branco*, o poeta escrevia versos como "dorme em tua pupila o poeta qual um deus no reino dos teus olhos", utilizando-se ainda de comparações de clara compreensão, em *Extralunário* passa a vivenciar a experiência de uma nova sintaxe regida pelo signo da dilaceração e introduz o ato metalinguístico no núcleo dessa experiência. É o instante em que se dá o cabal estilhaçamento de seu verso e de seu verbo. A partir desta obra, as experiências metalinguísticas de Braga são intensificadas.

No poema *veio perdido*, referindo-se às mudanças por que passavam sua ótica e seu texto, diz Braga:

muda   o   que   era   antes

aço   fogo   pedra

timão   na   nave   das   esferas

despido   remo

pouso   acaso   a   asas   cegas

nem
outra
face
(há)
além
poema

Extralunário, p. 69.

Outro exemplo digno de registro, em que o poema celebra o próprio estilhaçamento da linguagem e da antiga concepção do fazer poético está no poema *epílogo*:

eis difuso canto
                (fraturado)
coisas que do caos singelas
foram premissas
                        nuvem fumo

trigo lã cincerro
                        eis rochas

manto que infância   (um dia)
                              recompõe
hoje em franja trágica feral
              todavia
aqui desnudo fico
                        (em meu começo)
recomeço
              não tomba o sol
              coberto de ferrugem

p. 113

É possível identificar-se neste e em muitos outros poemas do livro a influência mallarmaica, visível na exploração do branco do papel, o que constitui, aliás, um dos postulados concretistas. A transgressão se opera na linearidade do discurso, os espaços em branco passam a ter valor.

Outra nova experiência de Braga ocorreu logo em seguida à publicação de *Extralunário*. Em 1961, o poeta datilografou os textos denominados "A Voz de Vós" e "A Corrente". São dois poemas que pertencem a uma fase experimental da poética braguiana, ainda pré-concreta. Os dois trabalhos permanecem até hoje inéditos, entretanto, o poema "A Corrente" foi mimeografado e encadernado em brochura por Braga, e por ele distribuído a amigos, havendo atualmente alguns poucos exemplares em mãos de colecionadores. Trata-se de um único e longo poema dividido em vinte fragmentos, dispostos por vinte e três páginas. Apenas a título de exemplo, transcrevemos alguns trechos. Do fragmento inicial:

A POÉTICA DE EDGARD BRAGA NO TEMPO 71

Anéis-um & outro presos
ao corpo do seu corpo
menos flexível-rubro
elo de um outro corpo

E, do fragmento 19, transcrevemos:

em pousadasglor   i   AnenHuma
um TeMpo qui vai virávindo
cortandando qui tais elos
quetAl corrente

milumas   noi
tESTANDo com
quistas idas.

p. 22

Começaria Braga, nestes experimentos, a testar o uso de le-
tras maiúsculas no centro das palavras, em posição e situação
completamente diversa das regras da língua. Descobrindo o
lado lúdico de explorar os recursos da máquina de escrever, o
poeta se aproximava da tactilidade da palavra, e, desta forma,
ia conferindo ao código recursos que até então jamais ousara
imaginar.

POESIA CONCRETA

O passo seguinte nesta poética singular é a publicação do li-
vro *Soma*, no ano de 1963 (São Paulo, ed. Invenção), o primei-
ro a receber da crítica aplauso irrestrito e a inserir seu autor,
definitivamente, entre os principais representantes da poesia
concreta brasileira. *Soma* tem *layout* e diagramação do poeta e
crítico Décio Pignatari e um posfácio de Haroldo de Campos,
denominado "Edgard Braga: Soma Sensível". O livro é um ob-
jeto perfeito, não somente nos aspectos poético e verbo-visual,

mas também do ponto de vista gráfico: um todo harmonioso de que não discrepa nenhum sinal ou palavra. Para Régis Bonvicino (1984), os poemas de *Soma* são "marcados pelo concretismo, pelo Oswald de 'Pau-Brasil' e por forte sentimento lírico".

A metalinguagem está presente em algumas de suas páginas, sendo oportuna a transcrição de dois exemplos de alguns trechos bem diferentes:

dedos-dados dados em lanço de pontos pretos
um lenço um cachimbo
em preto-branco espaço
        remate do poema branco.

Concentra-se Braga no fazer poético, nas operações de construção sígnicas, nos detalhes-hífens-dados que irão compor o texto, e no instrumento-máquina-bisturi de que brotarão esses signos. O poeta reconhece que a invenção é a chave para a criação literária, em que tudo deve ser "diferente de um coser qualquer". E não deixa de valorizar qualquer traço ou sinal, por ínfimo ou aparentemente insignificante que possa parecer.

Bem mais condensado, o segundo exemplo de reflexão metalinguística escolhido é um típico poema concreto da fase ortodoxa:

poema
poema
poema
poema
poema
poema
 pó
     e
 mó

De acordo com o "Plano-piloto para Poesia Concreta", era preciso dar por encerrado o "ciclo histórico do verso" em favor de "uma evolução crítica de formas". Buscava-se uma sintaxe

A POÉTICA DE EDGARD BRAGA NO TEMPO 73

espacial ou visual, com predomínio de procedimentos de jus-
taposição de ideias e palavras. Valorizava-se o espaço entre os
vocábulos. O poema deveria ter uma estrutura dinâmica.

Eis, na íntegra, seu conteúdo:

poesia concreta: produto de uma evolução crítica de formas, dando
por encerrado o ciclo histórico do verso (unidade rítmico-formal), a
poesia concreta começa por tomar conhecimento do espaço gráfico
como agente estrutural. espaço qualificado: estrutura espácio-tempo-
ral, em vez de desenvolvimento meramente temporístico-linear. daí a
importância da ideia de ideograma, desde o seu sentido geral de sinta-
xe espacial ou visual, até o seu sentido específico (fenollosa/pound) de
método de compor baseado na justaposição direta – analógica, não ló-
gico-discursiva – de elementos. "il faut que notre intelligence s'habitue
à comprendre synthético-idéographiquement au lieu de analytico –
discursivement". (apollinaire). eisenstein: ideograma e montagem.

precursores: mallarmé (*um coup de dés*, 1897): o primeiro alto qualita-
tivo: "subdivisions prismatiques de l'idée": espaço ("blancs") e recursos
tipográficos como elementos substantivos da composição. pound (*the
cantos*): método ideogrâmico. joyce (*ulysses* e *finnegans wake*): palavra-
-ideograma; interpenetração orgânica de tempo e espaço. cummings:
atomização de palavras, tipografia fisiognômica; valorização expres-
sionista do espaço. apollinaire (*calligrammes*): como visão, mais do que
como realização. futurismo, dadaísmo: contribuições para a vida do
problema. no brasil: oswald de andrade (1890-1954): "em comprimi-
dos, minutos de poesia". João cabral de melo neto (n. 1920 – *o enge-
nheiro* e *a psicologia da composicão mais antiode*): linguagem direta,
economia e arquitetura funcional do verso.

poesia concreta: tensão de palavras-coisas no espaço-tempo. estrutura
dinâmica: multiplicidade de movimentos concomitantes. também na
música – por definição, uma arte do tempo – intervém o espaço (we-
bern e seus seguidores: boulez e stockhausen); música concreta e ele-
trônica; nas artes visuais – espaciais, por definição – intervém o tempo

74 A TRANSMUTAÇÃO METALINGUÍSTICA...

(mondrian e a série *boogie-wogie*; max bill; albers e a ambivalência perceptiva; arte concreta, em geral).

ideograma: apelo à comunicação não-verbal, o poema concreto comunicação não verbal. o poema concreto comunica a sua própria estrutura: estrutura-conteúdo. o poema concreto é um objeto em e por si mesmo, não um intérprete de objetos exteriores e/ou sensações mais ou menos subjetivas. seu material: a palavra (som, forma visual, carga semântica). seu problema: um problema de funções-relações desse material. fatores de proximidade e semelhança, psicologia e gestalt. ritmo: força relacional. o poema concreto, usando o sistema fonético (dígitos) e uma sintaxe analógica, cria uma área linguística específica – "verbivocovisual" que participa das vantagens da comunicação não-verbal, sem abdicar das virtualidades da palavra. com o poema concreto *ocorre o fenômeno da metacomunicação*: coincidência e simultaneidade da comunicação verbal e não-verbal, com nota de que se trata de uma comunicação de formas, de uma estrutura-conteúdo, não da usual comunicação das mensagens.

a poesia concreta visa ao mínimo múltiplo comum da linguagem, daí a sua tendência à substantivação e à verbificação: "a moeda concreta da fala" (sapir). daí suas afinidades com as chamadas "línguas isolantes" (chinês): "quanto menos gramática exterior possui a língua chinesa, tanto mais gramática interior lhe é inerente" (humboldt via cassirer). o chinês oferece um exemplo de sintaxe puramente relacional baseada exclusivamente na ordem das palavras (ver fenollosa, sapir e cassirer).

ao conflito de fundo-forma em busca de identificação, chamamos de isomorfismo. paralelamente ao isomorfismo fundo-forma, se desenvolve o isomorfismo espaço-tempo, que gera o movimento. o isomorfismo, num primeiro momento da pragmática poética concreta, tende à fisiognomia, a um movimento imitativo do real (*motion*); predomina a forma orgânica e a fenomenologia da composição. num estágio mais avançado, o isomorfismo tende a resolver-se em puro movimento estrutural (*movement*); nesta fase,

A POÉTICA DE EDGARD BRAGA NO TEMPO 75

predomina a forma geométrica e a matemática da composicão (racionalismo sensível).

renunciando à disputa do "absoluto", a poesia concreta permanece no campo magnético do relativo perene. cronomicrometragem do acaso. controle. cibernética. o poema como um mecanismo, regulando-se a si próprio: "feed-back" a comunicação mais rápida (implícito um problema de funcionalidade e de estrutura) confere ao poema um valor positivo e guia a sua própria confecção.

poesia concreta: uma responsabilidade integral perante a linguagem: uma responsabilidade integral perante a linguagem. realismo total. contra uma poesia de expressão subjetiva e hedonística. criar problemas exatos e resolvê-los em termos de linguagem sensível. uma arte geral da palavra. o poema-produto: objeto útil[7].

A transcrição do plano-piloto deixa claros e nítidos os postulados do novo movimento estético, alude aos criadores que influenciaram a concepção da nova poesia (Mallarmé, Pound, Apollinaire, João Cabral de Melo Neto, Oswald de Andrade, entre outros) e esclarece uma questão fundamental para nossa análise: *o poema concreto comunica a sua própria estrutura*, que pode ser entendida como uma *estrutura-conteúdo*. Destarte, inexiste na poesia concreta a dissociação entre forma e fundo, vista como superada.

O racionalismo sensível característico da poesia concreta estava presente na poesia de Braga, no princípio dos anos sessenta, em especial nos trabalhos agrupados em *Soma*. O próprio título do livro faz alusão a uma operação matemática, deixando

---

7. "O Plano-piloto para Poesia Concreta", de autoria de Augusto de Campos, Décio Pignatari e Haroldo de Campos foi publicado originalmente na revista *Noigandres* 4, em 1958. Está reproduzido no livro *Teoria da Poesia Concreta – Textos Críticos e Manifestos – 1950-1960* (São Paulo, Brasiliense, 1987). Recentemente foi reproduzido pela revista *Poesia Sempre*, ano 12, n. 19. A edição de dezembro de 2004 traz um dossiê em homenagem a Augusto de Campos e o Plano-piloto está inserido nas páginas 24 e 25 (Rio de Janeiro, Biblioteca Nacional).

em primeiro plano a noção racional de construção de um poema, embora a sensibilidade especial do poeta também estivesse presente.

Os poemas de *Soma* exploram a materialidade dos signos, bem como sua carga semântica, e buscam tecer um sistema de correlações entre as palavras, erigindo a estrutura dinâmica preconizada no plano-piloto. Há emprego de sintaxe analógica e visual, sendo abandonados a discursividade, o verbalismo e a unidade conhecida por verso.

Dois dos poemas de *Soma* serão analisados na íntegra no capítulo 3, ao tratarmos da singularidade metalinguística da poética braguiana.

Quando se poderia pensar que Braga já havia chegado ao ápice de inventividade e ousadia artística, integrando o Grupo Invenção e se incorporando ao núcleo dos poetas concretos, em São Paulo, aderindo a um movimento de vanguarda, eis que sua poética tornou a surpreender os leitores. Poder-se-ia imaginar que o poeta houvesse alcançado a dicção e a estética definitivas. Mas outras investigações estéticas estavam a caminho e delas resultaria nova invenção: os tatoemas. De modo ainda mais radical, ainda sob a égide do processo de condensação advindo da poesia concreta, Braga passou a fragmentar as sílabas, a desenhar suas letras e seus signos, a caligrafar e a realizar tatuagens no papel. Surgiram, então, novas formas de expressão poética, que foram por ele desenvolvidas até o término de sua trajetória, nos anos setenta e oitenta.

POESIA CALIGRÁFICA. POESIA VISUAL. TATOEMAS.

Em 1971, oito anos após a publicação do festejado *Soma*, o poeta publicou *Algo*, um conjunto de poemas a que chamou de tatoemas. Com este trabalho Edgard Braga ingressava definitivamente na visualidade, disposto aos mais criativos voos. De fato, após passar por uma fase de plena inserção no concretis-

A POÉTICA DE EDGARD BRAGA NO TEMPO 77

mo, a poesia de Braga ainda se transmutava, e com arrojo inve-
jável. Por isso, no posfácio a *Algo*, escreveu Augusto de Campos:

[...] braga, aos 60 anos, também não viu nada do que gostariam que
ele visse. viu outra coisa. viu com "olhos livres". viu subúrbio branco.
viu extralunário. caminhou com os moços da poesia concreta. perdeu
amigos. ganhou inimigos, ficou só. com seus amigos concretos. e lan-
çou soma.

Em sofisticada embalagem – envelope com nove pranchas
de poemas tatuados-desenhados-grafados em branco e preto
– surgia *Algo* (ed. Invenção). Algumas das novas experiências
haviam sido publicadas na *Revista Invenção* de número 4 (1964)
e de número 5 (1966/1967). Letra e imagem passaram a ganhar
lugar privilegiado no espaço poético, Braga tecia com plena li-
berdade suas *tatuagens líricas*, chamadas por Augusto de Cam-
pos de

erosões gráfico-vocabulares numa técnica mista, nanquim com estilete
e letra-set. palavras bisturizadas com uma habilidade manual que é ín-
sita ao poeta-médico. nebulosas onde subsiste um *pó de palavras* quase
impalpáveis. "poema. pó e mó" – já antecipara o poeta. no limite do
olho. e na instigante encruzilhada entre a poesia e a pintura. paisagens
constelunares que as palavras apenas afloram como pegadas de signi-
ficado (evanescente eva nascente) na reduplicação gráfica do espelho
em positivo e negativo.

São visíveis os procedimentos metalinguísticos diversos
agora empregados por Braga: a reflexão ultrapassa o "pensar o
código", os questionamentos se situam, agora, numa linha que
se bifurca e aponta para o campo verbo-visual. A nova poesia
braguiana se realiza sem jamais cessar seus processos de trans-
mutação.

Neste período de visualidade na poesia de Braga, coexistem
a caligrafia e o desenho, e são empregados letra-set, carimbo e
letra-set nanquim. É gerada uma mescla de procedimentos e

78   A TRANSMUTAÇÃO METALINGUÍSTICA...

materiais que parece quase antecipar resultados que hoje são facilmente proporcionados pelo uso da informática. A fase desta nova poesia caligráfica, visual, tatuada no papel, renderia, ainda, as seguintes obras: *Tatuagens* (tatoemas), de 1976, *Murograma* (pôster), de 1982, e *Infância* (pôster do Kuko), de 1983.

Tatuagens (ed. Invenção) é organizado pelo poeta concreto, crítico e tradutor Augusto de Campos, pelo artista plástico Julio Plaza e pelo jovem poeta Régis Bonvicino, à época com apenas dezenove anos. O projeto gráfico é de Julio Plaza e a fotografia, de José Luiz Garaldi. Compõem o livro dezesseis poemas, assim intitulados e datados:

1. UIVOO (1969)
2. POEMA-ESPELHO (1965)
3. ABC CONCRETO (1964)
4. NOITE (1964)
5. ALFABEGRAMA (s/d)
6. LIMITE DO OLHO (1965)
7. VOCÁBULO (1966)
8. SER VER (1966)
9. CANTO DAS VOGAIS (1966)
10. DEDOS DADOS (1966)
11. MASK OF THE WORLD (1966)
12. BIRD CAGE (1966)
13. PANDORGA (1966)
14. CHUVA (1966)
15. TATUAGEM (1971)
16. POEMA-GARRAFA (1965)

O exame dos títulos já deixa entrever a manifesta intensificação da metalinguagem, evidenciada, principalmente, nos poemas de número 1, 2, 3, 5, 6, 7, 8, 9, 10, 15 e 16. Vários desses poemas serão objeto de análise integral no capítulo 3, quando discutiremos sobre a existência de transformações na metalinguagem da poesia de Braga.

Vários tatoemas serão analisados no capítulo 4 deste estudo.

A POÉTICA DE EDGARD BRAGA NO TEMPO   79

Bem acentuou, posteriormente, Régis Bonvicino (1984), já nos anos oitenta, ao organizar o volume *Desbragada* (que contém a obra integral de Braga a partir de 1963): "Creio que, para Braga, a Poesia Concreta serviu como droga libertadora, que o encorajou a abandonar o passado e o verso tradicional na busca de um universo novo de formas interinas e precárias"[8].

Como se sabe, a presença da visualidade, na poesia, remonta à época da Antiguidade, sendo frequentemente lembrado o poema "O Ovo", de Símias de Rodes, composto no ano 300 a.C., na Grécia, como um dos primeiros trabalhos de poesia visual realizados no mundo. Porém, somente as vanguardas surgidas em fins do século XIX início do século XX, sobretudo o dadaísmo, o futurismo e o cubismo enfatizariam esta forma de poesia, principiando por realçar consideravelmente a materialidade dos signos. E, dentre esses movimentos, foi o dadaísmo o que mais exerceu influência sobre a poética de Edgard Braga. O elevado grau de rarefação da palavra ao qual o poeta chegou e o traço de indiscutível precariedade apontado por Bonvicino decorrem de reação à poesia tradicional com a qual por tanto tempo Braga convivera, uma reação com características muito próximas do dadaísmo.

Tendo no romeno Tristan Tzara seu principal expoente, o dadaísmo caracterizava-se por um espírito anárquico e rebelde, pela valorização das culturas consideradas primitivas e pela reação a toda arte existente à época. A razão do nome dado ao movimento, DADÁ, tem versões diferentes, como anota Lúcio Agra (2004), "uns dizem que DADÁ surgiu da busca aleatória em um dicionário alemão. Outros que DADÁ era 'sim, sim' em russo". Há quem sustente outras versões, mas o próprio Tristan Tzara[9] afirmava: "DADÁ não e nada, isto é, tudo". O movimento apresentou vários manifestos, mas se dizia desprovido de programa, fazendo questão de proclamar a anarquia e ostentando um certo

8. "Desbragada, Biografia de um Livro", *Desbragada*, 1984, p. 4.
9. *História da Arte do Século XX: Ideias e Movimentos*, São Paulo, Anhembi-Morumbi, pp. 60-61.

grau de improviso que o tornaria referência importante em se tratando das vanguardas das primeiras décadas do século vinte.

No *Manifesto DADÁ*, de 1918, escreveu Tzara: "Sabe-se pelos jornais que os negros Krou denominam a cauda de uma vaca santa: DADÁ.. O cubo e a mãe em certa região da Itália: DADÁ. Um cavalo de madeira, a ama de leite, dupla afirmação em russo e em romeno: DADÁ".

Depois de *Algo* (1971) e *Tatuagens* (1976), Braga publicou *Murograma* (1982) e, no ano seguinte, *Infância* (pôster do Kuko). Em *Murograma*, adicionou a cor aos tatoemas e sua visualidade restou enriquecida pela seleção de cores e pelos contrastes cromáticos. *Murograma* é um pôster desdobrável e cada uma de suas faces contém um tatoema. Todos eles estão reproduzidos na antologia *Desbragada*, em preto e branco.

Um dos poemas-tatoemas de *Murograma*, de evidente teor metalinguístico, intitulado "Lettres", parece fazer alusão à floresta de signos baudeleriana. Figuras ou letras curvas – muitas delas semelhantes a cactos – compõem, ao lado de círculos, estranhas células e aves, um panorama de aventura, ao mesmo tempo árida e lúdica, índice do movimento de composição livre e transmutante do poeta. Uma floresta ou um deserto? Algo que um simples traço reinventa, a cada gesto. O teor precário e provisório apontado nos tatoemas de Braga está presente em "Lettres". Trata-se, na verdade, de uma qualidade especial: a expressão do gesto, captado em seu nascimento; gesto essencial do fazer poético, para ele sempre um modo de revolucionar a própria poesia. E o ato de criação poética é sempre um gesto transgressor[10]. E um gesto inacabado, fenômeno múltiplo e simultâneo, como disserta Cecília Almeida Salles. A poesia de Edgard Braga desta fase nos remete à conhecida reflexão de

---

10. Exatamente no mesmo ano da edição de *Murograma*, Braga produziu trabalhos poéticos soltos, tendo presenteado seu amigo Omar Khouri, poeta, professor, ensaísta e editor, com o tatoema "Asas da Noite". Depois de muitos anos inédito, "Asas da Noite" foi publicado na *Artéria X* (maio de 2011), respeitada revista de poesia editada por Omar Khouri e Paulo Miranda, aberta à experimentação e na qual predomina a produção que enfatiza a visualidade e os aspectos gráficos.

Ezra Pound: "[...] a verdadeira poesia está em relação muito mais estreita com o que de melhor há na música, na pintura e na escultura, do que com qualquer parte da literatura que não seja verdadeira poesia [...]".

3
Fortuna Crítica

A primeira fase da poesia de Edgard Braga, iniciada na década de vinte e que se prolongou até os anos cinquenta, totalmente verbal e ainda repleta de traços característicos da estética simbolista, e mesmo com alguns resquícios parnasianos, não despertou especial atenção da crítica.

Em 28 de setembro de 1924, o *Jornal de Alagoas* publicou na coluna denominada *Registro Social,* juntamente com o poema "Os Loucos", de Braga, uma apreciação crítica de Carlos M. Garrido[1], membro da Academia Alagoana de Letras. Garrido fez menção ao trabalho do médico Edgard Braga, referiu-se à dificuldade de conciliar as duas atividades, a científica e a literária e, sobre os versos lidos, comentou:

---

1. A crítica de Carlos M. Garrido está mencionada e parcialmente transcrita na dissertação *A Poesia Mutante de Edgard Braga*, de José Aloísio Nunes de Lima, apresentada à PUC-SP em 1990 (pp. 38-39). Consta ter sido a primeira crítica publicada sobre um poema de Edgard Braga.

84   A TRANSMUTAÇÃO METALINGUÍSTICA...

[...] embora brancos, os de Edgard, como se dizem dos que não trazem rimas ostensivas, não sei de nada que impressione mais pela cadência, pelo espírito filosófico que neles contém, pela exatidão e segurança do motivo [...] Entrou nos muros do manicômio, estudou o íntimo dos loucos; pintou o quadro como mestre.

O parágrafo transcrito já deixa entrever que, embora a apreciação crítica faça referência a algumas questões formais, como o ritmo, a cadência, a inexistência de "rimas ostensivas", sua tônica é o conteúdo, a questão do íntimo dos loucos, tema próprio à psiquiatria. Garrido afirma que cabe ao poeta "expandir o próprio coração" e "emocionar os outros". Focaliza sua atenção na mensagem transmitida pelo poeta, o que denota sua visão tradicional, revestida por impressões de natureza social, moral. Em dado momento, Garrido faz uma associação entre o poema de Braga e a poesia do português Júlio Dantas.

Somente a partir da publicação do livro *Odes,* em 1951, começam realmente a se voltar para a sua poética olhares e apreciações críticas mais consistentes. Evidentemente, este instante coincide com aquele em que o poeta passa a se preocupar cada vez mais com a própria linguagem, consubstanciando em seus textos algumas características modernas e já prenunciando, de algum modo, embora tênue, a alta dosagem de inventividade que viria a marcar sua futura obra, bem como o viés metalinguístico que o acompanharia, mais tarde, nas várias transformações que se seguiram.

Uma das primeiras vozes críticas a se deter no exame de um texto poético de Edgard Braga foi a de Patrícia Galvão, a Pagu, que, no mesmo ano do lançamento de *Odes,* publicou no jornal *Fanfulla* uma resenha intitulada "Um Poeta Grego na Pauliceia"[2], em que principia mencionando a atividade profis-

---

2. A resenha de Pagu foi publicada na edição de 18 de setembro de 1951 do jornal *Fanfulla* e durante mais de trinta anos, foi desconhecida pelo poeta. Somente nos anos oitenta, Lygia de Azeredo Campos, ao efetuar pesquisas para o livro *Pagu:Vida-Obra*, de Augusto de Campos, descobriu a resenha e a levou de pre-

FORTUNA CRÍTICA

sional médica do poeta, lembrando que, além de obstetra, Braga era um "organizador em embrião", e ressaltando seu trabalho inovador no Instituto de Puericultura de São Paulo.

Reconhece Pagu:

Pois é este poeta desdobrado do médico, com a atenção entre a mulher tornada mãe e a criança, que acaba de jogar-se na vida literária, de que era apenas uma espécie de "curioso", entre o seu primeiro e o seu segundo livro de poemas – 1933-1946.

Prosseguindo, Pagu realça a evolução do trabalho literário de Braga, visível a partir do novo livro:

Uma longa evolução pontilhou a vida do poeta e agora ao surgir as suas *Odes,* não é mais um amador das letras que emerge com a sua produção de bissexto. [...]

As *Odes* tinham forçosamente de lembrar no *background* do leitor de poesia – espécie felizmente rara – as outras *Odes* mais ilustres da poesia moderna em língua portuguesa e que são as que Fernando Pessoa atribuiu ao seu heterônimo Ricardo Reis (*Obras Completas de Fernando Pessoa,* 4º. volume: *Odes*).

Tinham de lembrar porque a limpidez helenística do tratamento que a Ode exige e a admiração forçosa de Edgard Braga pelo Fernando Pessoa das Odes, parece-me que evidente na leitura de algumas "transcrições" musicais e substanciais mesmo, essa admiração deixa em descoberto a espécie de "aproximação sentimental, lírica e de atitude", que se tem a frisar entre um e outro poeta, entre Braga e Reis. Não se trata de caso de influência, mas de paralelismo, tão perfeitamente se acomodam na sua parecença os versos de Ricardo Reis e os de Edgard Braga.

[...] Edgard Braga possui versos de uma beleza espontânea e límpida em certas de suas Odes, como o exemplo da número onze nos revela

---

sente de aniversário para Braga (1982). O fato é relatado pela própria Lygia, em "De Braga a Pagu", inserido na antologia *Desbragada*. A resenha de Pagu também está transcrita em *Desbragada*.

86 A TRANSMUTAÇÃO METALINGUÍSTICA...

toda a graça e grandeza na simultaneidade e na liberdade do ritmo e da imagem, da sugestão e da "importância" de um pensamento diretor e anterior [...] (grifos nossos).

Posteriormente, quando da publicação de *Subúrbio Branco*, em 1959, ao escrever o prefácio, Ruggero Jacobbi realiza uma análise bastante abrangente da obra poética de Braga e tece comentários críticos acerca de livros anteriores, entre os quais *Odes*. Reconhecendo a superioridade deste livro editado em 1951 sobre seus anteriores, assevera Jacobbi:

> [...] a partir de *Odes* (1951), assistimos à explosão de um metafísico "legítimo" que resume sua experiência vital na desesperada tensão da palavra em torno do Eu obscuro, da matéria psicológica mais densa, sobre a qual tenta projetar uma luz afetuosa de diário, a melodia infinita do tempo que passa e mal deixa nas páginas o silêncio dos fatos consumados, o espanto das meditações.

A análise crítica de Ruggero Jacobbi é, na verdade, um alentado estudo de oito páginas, nas quais os três livros imediatamente posteriores a *Odes*, *Albergue do Vento* (1952), *Inútil Acordar* (1953) e *Lunário do Café* (1954) são também apreciados, além de *Subúrbio Branco*, para cujo prefácio o texto foi escrito. Merece especial destaque o fato de Jacobbi identificar nas odes braguianas a estrutura de uma *chamber music* e nelas vislumbrar também a presença da "vontade civilizadora de uma Forma", que "transfigura os raros objetos em perfis, riscos, rastros, onde se esboça uma poesia estranhamente não figurativa". Jacobbi exemplifica:

> Aqui, mais nada.
> (Passou o outono em seu lugar de sega).
> Eu e o muro,
> além, sombras...
> Múrmuro vento cria folha e espaço.
> E entre mim e o escuro,

Neste chão pisado,
Pedra perduro.
"Ode XXX", p. 39.

Ruggero Jacobbi ainda reconhece na poesia braguiana de *Odes* o mesmo tom das estações de Ungaretti, em suas "despedidas eternas da natureza, acenos à liquidez das coisas". E reflete:

A economia da expressão não exclui um resto de impressionismo: o desenho, porém, predomina – as nuanças valem menos do que o traço. O poema quer se inscrever na página como uma verdade, como a epígrafe do "outro" poema que não será escrito. No Brasil, parece-me rara uma experiência tão intransigente de poesia pura, de anulação do sensível.

Releva notar que Ruggero Jacobbi não seria o único a vislumbrar as similitudes entre as construções poéticas de Braga e a poesia de Ungaretti. Alguns anos depois, estando já publicado o livro *Soma* (1963), Haroldo de Campos também reconheceria semelhanças entre a obra dos dois poetas, conforme registrado no ensaio "Ungaretti e a Estética do Fragmento"[3], de que se fará menção ulteriormente.

Importante destacar, também, a economia de expressão referida por Jacobbi. Vale acentuar que as odes de Braga não só apresentam um trabalho com a linguagem. A tendência deste trabalho estético se realiza na mesma direção de toda a futura poética de Braga, que é o caminho da condensação, na esteira do célebre ensinamento de Ezra Pound (1977), segundo o qual *poesia é a mais condensada forma de expressão verbal*. Aliás, como explicita o próprio Pound: *"Dichten* é o verbo alemão correspondente ao substantivo *Dichtung,* que significa poesia e o lexicógrafo traduziu-o pelo verbo italiano que significa condensar".

---

3. O ensaio integra o livro *A Arte no Horizonte do Provável*, de Haroldo de Campos (Coleção Debates, Perspectiva, 1977).

Dignas de registro, ainda, as anotações de Jacobbi sobre *Albergue do Vento*, obra em que detecta certa vontade de provocar o Mito, característica presente na poética dos metafísicos, para os quais "o elemento helênico ou oriental significa a escavação de matérias ancestrais, de uma religiosidade submersa e solene". Segundo o crítico, o livro se desenvolve como uma pequena sinfonia, à qual não escapam alguns "resíduos de verbalismo".

Discorrendo sobre *Inútil Acordar*, de 1953, afirma Jacobbi que "a pesquisa métrica recomeça, e alcança uma singular liberdade, embora a insistência do decassílabo lhe empreste, muitas vezes, um sabor clássico". Acrescenta que o livro pode lembrar os longos cancioneiros metafísicos. E conclui reconhecendo que, embora haja busca de uma estrutura, de um sistema, o resultado efetivamente alcançado pelo poeta é o de uma coletânea. Para Jacobbi, *Inútil Acordar*

[...] deixa-se ler como uma sucessão de momentos musicais e íntimos, como fragmentária iluminação de uma descoberta do Eu e de seus impulsos expressionais, provocados pela presença afetuosa dos objetos ou pela súbita irrupção do símbolo abstrato.

Sobre *Lunário do Café* (1954) as referências de Jacobbi não são muitas. Ressalta a novidade temática: folclore paulista, mitos afro-brasileiros e sugestões familiares. Esclarece que os vários ciclos da aventura do café se apresentam como uma "aventura cosmológica, um itinerário do espírito". Destaca uma luz coloquial no texto poético, bem como a presença de um elemento rítmico nativista. Por fim, Ruggero Jacobbi conclui que este livro revela a maturidade da poesia braguiana. Considerando que, sobre as obras de Braga escritas na década de cinquenta, existem pouquíssimos textos críticos, procuramos extrair da apreciação de Jacobbi comentários referentes a cada um desses livros.

A partir da publicação dos livros *Subúrbio Branco* (1959) e *Extralunário* (1960), uma nova concepção de poesia esboçava-se na obra de Braga. Este movimento, claro, não passaria despercebido pela crítica. Destarte, ao prefaciar *Extralunário*, Cassiano Ricardo reconheceu, desde o próprio título de seu texto, a intensidade da transformação que se iniciava na poética braguiana. Em *Edgard Braga e a sua Nova Concepção de Poesia*, Cassiano Ricardo assinalou, com acuidade, que as modificações não eram circunscritas à forma, à aparência do poema, mas agiam, na verdade, no âmago da concepção de poesia de Braga. E escreveu:

> Neste *Extralunário*, Edgard Braga, além de provar que possui uma concepção original de poesia, realiza, a meu ver, nova e feliz *performance* em suas investigações líricas e formais. Não só inventa recursos teoricamente; coloca-os a seu serviço, em função do pensamento que domina o livro, da primeira à última página.
>
> [...]
>
> Não fica na pesquisa; intenta, ao contrário, uma viagem a partir do caos até o limbo atrás do mar oceano [...].

Relativamente ao emprego dos instrumentos trazidos pela poética concreta, afirma Cassiano Ricardo que não se trata de "uma adesão pura e simples ao que há de inegavelmente sugestivo na nova experiência, mas *a utilização inteligente e fecunda de um novo recurso poético*" (grifos nossos).

Importante, neste texto prefacial, o reconhecimento de que

> Não reduz Edgard a palavra a uma pilha descarregada; não a esvazia do seu conteúdo semântico e metafórico, para torná-la apenas um objeto gráfico, acústico-visual; antes lança mão de palavra isolada, subtraída quase sempre a qualquer nexo discursivo ou qualquer imposição de gramática exterior; mas imprime um significado a tudo isso, que assim transcende à simples experiência.

Há, portanto, uma identificação, na nova poesia de Braga, de elementos caracterizadores de uma "imantação recíproca" e de uma "polarização magnética" entre os vocábulos. Além de valerem por si mesmos, autônomos, os vocábulos se relacionam numa sintaxe espacial. Corporifica-se, pois, a estrutura

90 A TRANSMUTAÇÃO METALINGUÍSTICA...

dinâmica do poema, preconizada no "plano-piloto para poesia concreta". Obviamente, há no livro alguns exemplos mais bem realizados que outros, estando os melhores, naturalmente, a apontar para novas transformações que se consolidariam na produção poética seguinte, em especial no livro publicado em 1963, *Soma*. Iniciava-se o reconhecimento internacional da poesia de Braga.

Em sua edição de n. 1, a revista *Ascención de la Lluvia – Cuadernos de Novíssima Literatura Boliviana* (1989), elaborando um restrospecto sobre o que de importante ocorrera nas diversas fases da produção da poesia concreta brasileira, referiu-se ao ano de 1960, dizendo:

1960

El gruepo promueve la formación del equipo "Invenção" – admitidas contradiciones y antagonismo – que mantiene uma página em el *Correio Paulistano* – hasta 1961, um programa de música de vanguardia em Radio Excelsior, y dos años más tarde edita la revista "Invenção". En Sttutgart, Max Bense promueve la exposición "Textos concretos", con la inscripción en el catalogo de um escrito de "Plano-piloto". Gomringer, con el patrocinio de la revista *Nota*, dicta una conferencia sobre poesia concreta brasileña y europea en Munich; la revista *Spirale* reune una antologia de 16 poetas de varias nacionalidades (7 de ellos brasileños); y en Suiza omienza a editar los cuadernos *Koncrete Poesia / Poesia Concreta*. Se exhibe em el Museo de Arte Moderno de Tókio la Exposición de Poesía Concreta Brasileña. Salen a luz "Organismo" (poema-libro de Pignatari, "Extralunário" (*Poemas Incomptos*) de Edgardo Braga y *Haikais e Concretos* de Pedro Xisto (grifos nossos).

Soma é um dos livros de Edgard Braga mais comentados e analisados pela crítica, mormente em comparação com a reduzida fortuna crítica de suas obras anteriores. O crescimento do interesse pela poesia de Braga, nesta fase, coincidiu com sua adesão ao movimento da poesia concreta e o pleno desenvolvimento dos recursos visuais, gráficos, sonoros da nova sintaxe paratática, geradora de nova densidade semântica.

O prefácio à *Soma* é de Haroldo de Campos – um texto crítico de alta densidade analítica, que não se limita a refletir sobre a nova obra. Depois de realizar uma breve digressão sobre as influências e características da poesia inicial de Braga, examina os passos dados pelo poeta para deixar a estética convencional e ingressar, conscientemente, na estética concreta. Escreve Haroldo de Campos (1963):

dois livros, *subúrbio branco* e *extralunário*, de 1959 e 1960 respectivamente, arcam os lances desse salto, que culmina e se apura agora no voo contido desta *soma*. uma coisa desde logo assinalava a *démarche* de edgard braga e a caracterizava (mais, valorizava-a): a sua radicalização, o seu total descompromisso com o mundo discursivo tiranizado pela ideia de "verso". daí que nesses seus dois livros, ou, mais exatamente, a partir dos últimos poemas de *subúrbio branco*, sua pesquisa (e reelaboração pessoal) do arsenal concreto-espacial se tenha feito "para valer", de maneira sistemática, sem pausas-para-respirar, e, portanto, sem intermitentes nostalgias em recorrências fantasmais daquele mesmo artefato "luxuoso" e "requintado" (o "verso"), que se admitia perempto. é assim que a técnica de fragmentação (a "diáclase" como a chama o poeta) é praticada de maneira obsessiva, não tanto para fundar uma nova ordem como pelo júbilo de pulverizar uma ordem dessueta. não existe mais sintaxe nem semântica: é uma pré-sintaxe e uma pré-semântica o que o autor nos propõe. são sucessivas aproximações estocásticas ao tecido da linguagem, como se o papel fosse irrigado de parênquimas celulares ricos em matéria nutriz, aos quais se extraísse o núcleo conformador e diretor.

Em um outro texto, inserido no livro *A Arte no Horizonte do Provável,* no ensaio intitulado "Ungaretti e a Estética do Fragmento", ao examinar a obra do poeta italiano, Haroldo de Campos teceria um paralelo entre a mesma e algumas das experiências poéticas de Edgard Braga. Fazendo menção a composições breves de Ungaretti, nas quais há "uma beleza cintilante" e um "concentrado e reconcentrado poder emotivo", fruto de "sábia confluência de concisão japonesa e de laconismo de médico da antologia grega", diz Haroldo de Campos:

> Entre nós, está nesta pauta a poesia-minuto de Oswald de Andrade ("Ditirambo", ou ainda o exemplar *"Amor/humor"). Não faz muito, outro poeta nosso, Edgard Braga, no seu livro *Soma,* deu-nos uma admirável pedra de toque, digna de figurar entre as iluminadas iluminuras ungarettianas, neste poema de uma só linha, radiante, inscrito no azímute da página:

> acordei de rolar brancura.

Muitos outros autores discorreram sobre *Soma* e particularmente sobre seu papel de relevância na obra poética de Edgard Braga. A maior parte desses textos, porém, está associada à comemoração dos 85 anos do poeta, ocasião em que se editou o volume *Desbragada* (1984). Escritos especialmente para a antologia ou recolhidos de jornais, mas nela inseridos, estão os textos críticas de Duda Machado, Carlos Ávila, Décio Pignatari, J.J. Moraes, Julio Plaza, Júlio Bressane, Paulo Leminski e Augusto de Campos. Quase todos os textos se referem à obra de Braga como um todo, enfatizando sua poesia visual-caligráfica-tatuada, os poemas por ele mesmo chamados de "tatoemas", e aos quais Haroldo de Campos preferia chamar de tactilogramas. Alguns dos textos, porém, abordam a poesia de *Soma,* e também se referem a *Subúrbio Branco* e *Extralunário*.

Duda Machado inicia seu texto *Edgard Braga: O Voo Inaugural* afirmando que os livros *Algo* (1971) e *Tatuagens* (1976) "abrem, para além das fronteiras entre poesia e pintura, o território livre onde se situa a poesia de Edgard Braga". E lembra que Braga soube se apropriar e se utilizar dos recursos trazidos pela poesia concreta, com sua atitude aberta e independente, chegando, em *Extralunário,* a "intercalar trechos em versos a blocos de fatura concreta". Em *Soma,* Duda Machado vislumbra "canções de técnica iterativa". Reconhece Machado que, mais tarde, "essa experiência de uma poética voltada para a exploração da visualidade vai gerar reverberações inesperadas em sua imaginação".

Reconhecendo na poesia de Edgard Braga a conjugação de tempo e espaço, com a reafirmação do diálogo-confronto-plástico-verbal, conclui Duda Machado:

> Aventura rara a desse criador que, depois, dos setenta anos, empreende uma revolução poética e funda uma linguagem na confluência do verbal e do visual. Tudo aqui (*Algo, Tatuagens*) é livre, singular, inaugural: um pequeno e múltiplo universo que rejuvenesce nossa percepção.

Também este traço inaugural ou *"auroral"* é identificado por Lúcia Santaella, no ensaio "Um Poeta em Busca do Amanhecer da Linguagem", inserido na revista *Dialética* n. 5[4], em que a semioticista disserta com propriedade:

> Se todo grande poeta, o que escreve um idioleto, fala que implode no rasgo-limite da liberdade individual para romper as amarras, levando à frente a fala coletivizada, Braga, poeta que não escreve, mas tateia inscrições, cria Ideogramas individualizados, irredutíveis na sua singularidade. Tatuagens na pele do papel. Alfa e Beta dos olhos.
>
> Olhar como *gesto inaugural* (grifos nossos).

Outras reflexões críticas podem ser aqui mencionadas, como a do cineasta Julio Bressane, que, em texto inserido na antologia *Desbragada*, reconhece na poética de Braga "um traço-voz" semelhante a uma joia, fazendo a seguinte apreciação crítica:

> A voz-traço de difícil demarcação de fronteira, pois trata-se de um dos mestres do trocadilho entre a letra e o traço, do (sem) limite do verbal e do não-verbal, um ouvinte privilegiado e ligado na "voz do

---

4. A revista *Dialética* ano 7, n. 5, editada em Maceió, em março de 2001, pelo poeta e jornalista Marcos de Farias Costa, fez homenagem a Braga, dedicando-lhe um farto dossiê (material crítico, iconográfico e reprodução de poemas).

94   A TRANSMUTAÇÃO METALINGUÍSTICA...

fundo da caverna" nunca indiferente à escultura da letra e de suas projeções tridimensionais.

Carlos Ávila, poeta e crítico, em artigo dedicado aos oitenta e cinco anos de Braga, tece comentários acerca de vários de seus livros, e, sobre *Algo,* traz a sensível lição: "Poesia no fio da navalha, *poesia-quase* brilhando pelos interstícios. Entre o ver e não-ver, poesia. Como está nas palavras-poeira de um destes poemas [...]" (grifo nosso).

O artista plástico Julio Plaza, que colaborou com Braga na execução de alguns de seus projetos especiais, no belo texto crítico "Há Braga. Há Poesia" (1984), vislumbra a poesia elaborada "a partir das pulsões e ritmos energeticorporais". E sintetiza sua apreciação:

> No Braga, a qualidade poética-escritural associada à qualidade gráfico-gestual, detona o seu sentido e seu objeto "imediato": aquele objeto criado pela tensão das relações gráfico-visuais, o objeto tal como expresso no signo e não como mimese de referenciais; daí que ele troque o projeto teleológico por um projeto topológico. Surge, assim, esta poesia com seu caráter concreto-sensorial onde ecoa e circula toda uma gama de analogias e sugestões sinestésicas cujo suporte é precisamente esse objeto-imediato-poema: o poema em si, tal qual.
>
> Braga, ao incorporar o gesto da escrita-desenho como garatujas-tatuadas em lances topográficos-visuais, fica mais *perto do signo primevo* e primeiro do grafiteiro pré-histórico, *engravidando a linguagem de analogia,* isto é, de poesia (grifos nossos).

Também há que se mencionar a existência de uma dissertação de mestrado e de uma tese de doutorado, ambas apresentadas à Pontifícia Universidade Católica de São Paulo. A primeira, de autoria de José Aloísio Nunes de Lima, intitulada *A Poesia Mutante de Edgard Braga,* foi concluída e defendida em 1990, sob a orientação de Lúcia Santaella, no Programa de Estudos Pós-Graduados em Comunicação e Semiótica. A tese de doutorado, de Maria Cecília Simões de Oliveira Coelho, denominada

Edgard Braga, o Jovem Velho Poeta das Metamorfoses: Análise da Gênese da Linguagem, Ruptura e União no Processo de Criação, uma Contribuição ao Estudo de Identidade, concluída e defendida em 1998, teve a orientação de Antonio da Costa Siampa, e foi realizada no Programa de Estudos Pós-Graduados em Psicologia Social.

Nunes de Lima, professor da Universidade Federal de Alagoas, escreveu outros textos sobre a obra de Braga, após o término de seu mestrado, entre eles "À Frente: Edgard Braga", incluído na revista *Dialética* n. 5. Neste artigo, Nunes de Lima retoma as conclusões de sua pesquisa anterior e faz referência às fases que identifica na poesia braguiana: *1.* fase tardo-simbolista; *2.* fase do espacialismo; *3.* fase experimental; *4.* fase do concretismo; *5.* fase visual. Nesta fase visual, identifica várias outras fases ainda mais específicas: *a.* fase da palavra presa; *b.* fase do desenho; *c.* fase da palavra como apêndice; *d.* fase da liberação da palavra; *e.* fase do gesto que gera letra; *f.* fase do poema pó.

Após sua ampla pesquisa, Nunes de Lima também afirmou que a maior parte das apreciações e críticas recebidas pela poética braguiana se conectava a acontecimentos especiais, como o momento de publicação da antologia *Desbragada,* ou a alguma homenagem, a aniversário especial do poeta, como o de oitenta e cinco anos. A afirmação de Nunes de Lima não só está correta como permanece atualmente válida, mesmos decorridos mais de vinte anos.

No ano de 1997, a celebração do centenário de nascimento de Braga motivou a realização do evento BRAGA: CEM ANOS, promovido pela Secretaria Municipal de São Paulo. Textos e poemas foram especialmente dedicados ao poeta. Ainda para a celebração do centenário, a revista *Dialética*, por meio de seu ativo editor Marcos de Farias Costa, também poeta, tradutor e pesquisador, dedicou número especial a Braga. Novos textos, então, acabaram sendo produzidos, além de serem republicados textos já conhecidos, como o estudo de Ruggero Jacobbi. A revista também traz um texto de Assis Brasil sobre Braga.

A explicação para a reduzida fortuna crítica provavelmente esteja na sábia reflexão de Lúcia Santaella, constante do já citado ensaio:

> Não é de se estranhar, contudo, que pouco se fale sobre essa poesia. O que dizer quando o olhar fica bêbado de tato? O que dizer quando o poeta fende e fissura a grafia da palavra, brincando com seu desenho para gerar desenhos-entre-grafados e germinar visões? Seu fazer é tênue e tenro. Inscrições que parecem brotar de dentro do papel como sementes que irrompem da terra para a luz. Quase-vocábulos, plantas-palavras, grafia orgânica.
>
> Mas, paradoxalmente, nessa fragilidade, a *força crítica* desse fazer. Poesia como gesto pulverizador de quaisquer certezas.

Décio Pignatari, em seu texto inserido em *Desbragada,* aludindo à trajetória estético-formal do poeta, registra: "...como num míssil, retro-agindo, contra o passado, a ogiva embicava humerosamente para regiões pouco mapeadas, *onde o verbal, perdendo a gravidade, virava icônico,* e o escrever: desenhar".

Augusto de Campos, no prefácio a *Algo,* lembra que o livro *Soma* foi mencionado na edição de 3 de setembro de 1964, inteiramente dedicada à vanguarda internacional. Registra, ainda, que a edição de n. 21 da revista *p.o.t.h.* lhe foi dedicada. Além disso, vários dos poemas de Braga estão presentes em várias das antologias da nova poesia universal, entre elas *An Anthology of Concrete Poetry,* de Emmet Williams (1967), a *Concrete Poetry: An International Anthology,* de Stephen Bann (1967), a *Concrete Poetry: A World View,* de Mary Ellen Solt (1968). Obras do poeta também fizeram parte de uma exposição itinerante do *Stedelijk Museum.*

Augusto de Campos também apresenta uma aprofundada análise da poesia de Braga, reconhecendo-lhe a grande versatilidade, o arrojo, o grau de inventividade, a liberdade total da criação. Escreve Augusto:

sua fantasia visual parece surpreender
a irrupção da palavra no nascedouro.
preocupação que, se existe em outros poetas da mesma linha
é congenial em Edgard Braga, obstetra-poeta.
obsletra.

[...]

agora, *algo*. Braga reúne aqui uma modalidade especial
de 'tatuagens'. são erosões gráfico-vocabulares
numa técnica mista, nanquim com estilete e letra-set.
palavras bisturizadas com uma habilidade manual
que é ínsita ao poeta-médico. nebulosas
onde subiste um pó de palavras quase impalpáveis.

[...]

na instigante encruzilhada
entre a poesia e a pintura. paisagens constelunares
que as palavras apenas afloram
como pegadas de significado (evanescente eva nascente)

e cuja repercussão sensível é ampliada
na reduplicação gráfica do espelho
em positivo-negativo.

[...]

livre das convenções livrescas
sua poesia está solta

o que o poeta nos dá é muito mais do que *algo*:
o tudo-nada dos dados da aventura.
é preciso muita juventude para segui-lo
em seu voo de anos-luz
pelo espaço sem idade da poesia.

Arnaldo Antunes (2000, p. 68) reconheceu a inventividade e o pioneirismo de Braga no uso da caligrafia na poesia visual, tendo consignado no artigo "Derme/Verme" (publicado na *Folha de S. Paulo*, edição de 2 de janeiro de 1991 e, posteriormente, em seu livro *40 Escritos*):

Edgard Braga foi o primeiro poeta brasileiro a trabalhar com manuscritura onde, no contexto da poesia concreta, as experimentações visuais estavam sendo realizados muito mais no terreno tipológico. Se Braga foi pioneiro nesse sentido, não há como não se remeter a ele. Poetas que hoje trabalham com essa dimensão da escritura, como Walter Silveira, Tadeu Jungle, Go, e até mesmo Décio Pignatari psicografando Oswald de Andrade, devem esse tributo a ele.

Nesta linhagem estética de invenção, de escritura marcada pela incorporação de elementos visuais que introduzem o gesto criador no próprio texto poético, inserem-se trabalhos e projetos de vários autores contemporâneos, entre os quais se destaca a obra *Impreciso*, de Omar Salomão (Dantes Ed., Rio de Janeiro, 2011).

4

A Voz Metalinguística de Edgard Braga

ANÁLISE: TUDO DIFERENTE DE
UM COSER QUALQUER

Pretendemos neste capítulo identificar as características de natureza metalinguística presentes na poesia de Edgard Braga e que se afiguram peculiares ao seu fazer poético. O exame de poemas das várias fases de sua longa trajetória nos permitirá detectar procedimentos cuja eventual reiteração seja indicativa do eixo de sua singularidade. Também pretendemos verificar se as características e procedimentos detectados permanecem inalterados durante todo o percurso da produção do poeta ou sofrem modificações de algum tipo.

Para a consecução deste objetivo, considerando as várias fases da contínua transformação da poética braguiana, e o processo de condensação de linguagem que nela se realizou, selecionamos vinte poemas representativos da obra de Edgard Braga e, destes, escolhemos um, que integra o livro *Soma*, de 1963 para principiar a série de análises. O critério de escolha foi o fato de o poema situar-se numa das mais importantes fases de transição da poética do autor, o momento da instauração da estética concreta em sua poesia, com o progressivo abandono da sintaxe convencional, lógica e discursiva, em prol da sintaxe analógica e paratática, com a abolição do verso tradicional. Em princípios da década de sessenta, a poesia de Braga, que sempre fora verbal, torna-se, paulatinamente, verbi-voco-visual.

O poema escolhido não possui título, mas a primeira linha já revela seu conteúdo metalinguístico: "máquina como se fosse fazer costura". A metalinguagem será evidenciada, cada vez mais, a cada nova linha ou palavra do poema. Segue-se, pois, sua transcrição integral:

> máquina como se fosse fazer costura
> nada mais fazer do que signos
>) p – preto   o-preto   e-preto
> um-m
> um-a
> tudo diferente de um coser qualquer
> que se fechasse em pontilhado branco
>
> máquina como quem quer desfazer
> costura de coisas no papel branco
> entre um hífen ponte de meditação
>
> dedos-dados dados em lanço de pontos pretos
> um lenço um cachimbo
> em preto-branco espaço
> remate do poema
> branco.

O poema integra o livro *Soma*, editado em 1963, considerado pela crítica como sendo a única obra de Braga efetivamente produzida na estética concretista. Trata-se do vigésimo-terceiro e último poema do livro, de conteúdo metalinguístico e estrutura de inspiração mallarmaica, com suas quinze linhas dispostas pelo branco espaço da página, de modo absolutamente inusitado, "recompondo o movimento do fazer poético", representado pela ação de uma máquina similar à máquina de costura. A aproximação entre o instrumento e um objeto da realidade cotidiana, trivial, insere-se no contexto da concepção modernista vigente nas primeiras décadas do século XX, que louva as invenções, as máquinas, a velocidade, o automóvel, símbolos do progresso e do futuro.

Poema de feição concretista, e sem título, tem por linha inicial "máquina como se fosse fazer costura" e traz uma rede visual, sonora e verbal – ou verbi-voco-visual, para empregar a lapidar terminologia concretista – tecida pelo autor, rede em que se pode vislumbrar o movimento de construção da palavra poética, e o gesto de criá-la.

As duas primeiras linhas

máquina como se fosse fazer costura
nada mais fazer do que signos

já trazem a assimilação entre o fazer e o coser: fazer poético / coser poético, costurar e criar poesia. A analogia entre o ato poético e ato simples do cotidiano consubstancia procedimento metalinguístico utilizado pela estética moderna, tendo sido também largamente empregado por João Cabral de Melo Neto, valendo aqui lembrar o conhecido verso "catar feijão se limita com escrever". Estas duas linhas iniciais do poema de Braga reproduzem ritmicamente o ruído de uma máquina, e, mais especificamente, da máquina de costura, que segue, ininterruptamente, até a terceira e quarta linhas, absolutamente inusitadas e de teor onomatopaico: Ei-las:

) p –preto   o-preto   e-preto

um-m
um-a.

A introdução de sinal gráfico – parêntese apenas fechando, sem ter sido aberto – e vogais consoantes soltas, apenas unidas por hífens à palavra-cor-fio impresso preto colabora para a atmosfera de anarquia e *non sense* de inspiração aparentemente dadaísta. De qualquer modo, pode-se detectar na presença deste parêntese alguma influência de e.e.cummings.

A onomatopeia enriquece e fertiliza o poema, tem efeito multiplicador, amplia o espectro de significação. A sequência *p-preto, o-preto, e-preto, um-m, um-a,* de marcação rítmica binária, evidencia e valoriza o ruído da máquina, o gesto do corpo, da mão que opera a máquina, do dedo que segura o tecido. E, mimeticamente, a máquina e o fazer se tornam o próprio poema.

O sujeito/criador que costura seleciona o tecido, a cor, mede e separa a quantidade necessária à peça que pretende fazer/compor, e corta, recorta, alinhava, faz a barra, experimenta, erra, experimenta, experimenta, acerta. Como ele, atua o poeta, em seu longo processo de experimentação sígnica. Experimentação que, na hipótese em exame, também poderá, quiçá, significar a longa maturação compreendida nos cinquenta anos da produção poética de Braga.

Além da experimentação, a invenção é posta em relevo. A valorização do novo e do caráter inventivo que deve ter o poema é realçado na sexta linha:

tudo diferente de um coser qualquer
que se fechasse em pontilhado branco.

Verifica-se que a escolha dos vocábulos *diferente, qualquer* e *fechar* parece dar pistas do que pretende o poeta. Ao dizer *diferente,* quer, na verdade, deixar claro que o poema há de ser novo, criativo, original, inventivo e não um texto qualquer, de mera denotação e procedimentos gastos. O autor não deseja um poema de leitura linear, de estrutura conservadora, tradicional, ou "passadista", como os concretos denominavam, à época, textos convencionais e desprovidos de inovações. "Um

Poema Qualquer", sem engenho, sem habilidade e sem o verdadeiro coser, conduziria a um *fechar* de portas de sentido e de interpretação.

Outra pista é dada na oitava linha, e também nas seguintes do poema:

> máquina como quem quer desfazer
> costura de coisas no papel branco.

O emprego do verbo *desfazer* implica em desconstrução das antigas estruturas do verso, métrica, rima, acentos rítmicos já esperados (como sequências de acordes finais em sonatas e outras peças musicais clássicas – tônica, dominante, tônica). *Desfazer* aponta para a implosão da sintaxe, de cujos fragmentos se reconstruirá a nova estrutura: a sintaxe analógica empregada na poética concreta.

Prossegue Braga:

> entre um hífen ponte de meditação.

Nesta décima linha do poema, declara-se o grande valor dos ínfimos fragmentos e signos que o compõem, bem como a valorização do espaço em branco. O ínfimo hífen é altamente valorizado na estrutura da obra. É visto como uma ponte, conduz a um caminho, induz à meditação, à reflexão, simboliza as conexões entre outros signos. O hífen está presente sete vezes no texto poético em análise.

As últimas cinco linhas do poema (décima-primeira até a décima-quinta) trazem uma novidade sonora, e, com ela, insinuam o remate do poema branco – sempre aberto:

> dedos-dados dados em um lanço de pontos pretos
> um lenço um cachimbo
> em preto-branco espaço
> > remate do poema
> > branco.

104 A TRANSMUTAÇÃO METALINGUÍSTICA...

O jogo dedos-dados (tão caro ao poeta, seria, depois, explorado visualmente num belo tatoema), acompanhado de lanço / lenço, com destaque para as consoantes *d* e *l*, e o som anasalado das sílabas *lan* de lanço, *pon* de pontos, *en* de lenço e *im* de cachimbo são recursos sintomáticos do acabamento ou remate que o poeta quis imprimir a seu trabalho. Como na linha inaugural do poema, novamente tem-se a reprodução do movimento da máquina:

dedos-dados dados em lanço de pontos pretos.

Visível a referência ao lance de dados mallarmaico. Para Braga, neste poema, dedos são dados que se dão ao ato aleatório da composição poética.

Interessante observar ainda, a ausência quase total de ditongos e elisões, que, se existentes, confeririam ao texto um caráter de fluidez indesejado pelo poeta. Somente o sólido, compacto, somente os elementos selecionados com apuro e técnica pelo poeta merecem compor a obra, que reproduz, no movimento da máquina, a feitura do poema, sua concreção e, mais do que isso, expõe de modo engenhoso os postulados da poesia concreta, seu rigor, seu caráter de construção, sua nova sintaxe, tomada a partir do cíclico fazer/desfazer/refazer.

Como anota Haroldo de Campos, no posfácio a *Soma:*

edgard braga veio de um longo percurso, desde um simbolismo pré-modernista até uma fase metafísica como e denominou ruggero jacobbi com aguda percepção, para depois entrar decididamente, em arrojo de salto mortal, na aventura do concreto.

[...]

no atual momento de sua performance poética, bem poderia adotar o lema do objetivista William Carlos Williams (como ele médico e poeta) – *a poem is a small (or a large) machine of words.*

Inquestionável a riqueza deste poema para nosso exame de características de uma possível metalinguagem peculiar à poética de Edgard Braga. Refere-se o poeta ao ato de construir o poema, alude expressamente aos elementos que o compõem, os signos, destaca fonemas em sequências onomatopaicas, dando destaque sonoro e visual a vogais e consoantes desgarradas da palavra.

Resta muito bem explicitada a intenção do poeta: desfazer as amarras da sintaxe lógica e discursiva. A máquina age "como quem quer desfazer / costura de coisas no papel branco". Deseja abrir o universo estético, expandi-lo de possibilidades criativas e construtivas, levando às últimas consequências o trabalho com os signos. Esta a razão da decomposição presente na sequência ") p-preto, o-preto, e-preto". A palavra-cor *preto* repetindo- -se por três vezes, precedida por letras diferentes, como se fora um acorde musical precedido de notas graves isoladas. O poeta quer descosturar a palavra, quer tocar os signos, aumentar-lhes o campo de ação.

De acordo com o ensinamento de Charles Sanders Peir- ce, um signo, em ambiente de vacuidade, completa-se em um outro signo. As letras desgarradas pretendem encontrar outra forma de coser sentidos. A significação virá embutida na própria estrutura do poema. Anota Cecília Almeida Sal- les (2003), em artigo denominado "Redes da Criação"[1], que a incompletude inerente ao signo "destaca sua sobrevivência a partir da inter-relação com outros signos". Isto o que o poeta nos mostra em seu coser. Alinhava palavras com letras soltas, ligadas com hífens. O hífen explicita a necessidade do signo se ligar a outro, como elétrons em campo magnético. Explicita e efetua esta ligação. A decomposição da palavra visa a produ- ção de novas significações.

A imagem da máquina como instrumento auxiliar do poeta no ato de criação, gera a ideia da busca rigorosa dos melho-

---

1. O ensaio "Redes da Criação", de Cecília Salles, está inserido na revista *Manuscrí- tica* n. 11 (2003) – revista de crítica genética, coedição de Annablunme e APML. Posteriormente, estes estudos foram ampliados e desenvolvidos no livro *Redes da Criação – Construção da Obra de Arte* (Ed. Horizonte, 2006).

106   A TRANSMUTAÇÃO METALINGUÍSTICA...

res procedimentos e efeitos estéticos, da possibilidade de ajustes. Trata-se de imagem bastante valorizada por Braga, à época, sendo oportuno lembrar, a propósito, o título de artigo por ele publicado na revista *Convivium*, na edição de n. 5-6, em 1965, somente dois anos após a publicação de *Soma*: "Máquina de brincar com poesia. um quê à procura de um porquê"[2].

METALINGUAGEM DE EXPRESSÃO

O exame do poema deixa entrever dois modos por meio dos quais se consubstancia a metalinguagem. O primeiro deles é a explicitação, a referência expressa ao fazer poético, ao emprego da linguagem, do código linguístico, dos signos. Ocorre no momento em que o poeta *expressa* inequivocamente suas ideias e sua concepção acerca desse fazer. Ao escrever "máquina como se fosse fazer costura / nada mais fazer do que signos, e tudo diferente de um coser qualquer / costura de coisas no papel branco", o poeta explicita o ato de construir um texto poético. Os signos e a folha de papel branco são claras indicações de sua referência *expressa* ao ato poético. A *expressão* dessa metalinguagem se realiza na esfera do tema, do significado, do sentido. Convém destacar que esta expressão metalinguística independe do maior ou menor grau de utilização das figuras de linguagem. Dizendo do fazer poético metaforicamente ou não, o fato é o que o poeta o faz no plano da linguagem.

Este modo de metalinguagem que se consubstancia na esfera temática podemos chamar de *metalinguagem de expressão*. Ocorrerão mais procedimentos de metalinguagem de expressão nos textos poéticos predominantemente verbais.

---

2. Neste artigo, Braga apresenta sua concepção da nova poesia. A edição de n. 5-6 da revista *Convivium* (ano IV, vol. 7) é número especial sobre a poesia brasileira e apresenta textos críticos de Affonso Ávila, Paulo Leminski, Haroldo de Campos, Augusto de Campos, Décio Pignatari, Pedro Xisto e Gilberto de Mello Kujawski, entre outros.

Em síntese, entendemos por metalinguagem o conjunto de características que definem a função metalinguística, com a presença de reflexão crítica sobre o fazer literário e poético. Atua no plano temático, da significação, do fundo, do sentido, do conteúdo. Relacionam-se aos chamados signos-para, pois objetivam comunicar um conteúdo.

METALINGUAGEM DE CONSTRUÇÃO

A análise do poema permite que se constate a existência de um outro modo de consubstanciação de metalinguagem, também presente no texto braguiano. É a metalinguagem relacionada com a montagem de um poema, sua confecção, composição e decomposição e gênese poética. Este modo de metalinguagem estabelece na estrutura do próprio código, opera no corpo dos signos, sem que existam aspectos referenciais do fazer poético.

É a metalinguagem que se *constrói* nos próprios signos, no âmago da forma poética, na base de sua materialidade. Consumando-se na própria fisicalidade das palavras, das sílabas, dos fonemas, essa metalinguagem relaciona-se com os signos-de, e implicam em desautomatização dos mecanismos de percepção. Este modo de ser da metalinguagem denominamos *metalinguagem de construção*. É a metalinguagem que, em sua radicalidade, pretende levar às últimas consequências os postulados do movimento da poesia concreta. Em Braga, este tipo de metalinguagem recebe manifesta influência do dadaísmo.

No poema em análise, a presença do parêntese apenas fechado, as letras soltas ligadas à palavra preto apenas por um hífen", que é o mesmo procedimento utilizado em "um-m" e "um-a", são manifestações da metalinguagem de construção. O poeta demonstra a operação de construção do poema, revela no âmbito material do mesmo o procedimento poético. Esta revelação não se faz de modo discursivo nem lógico, não se expressa com palavras, frases, ou figuras de linguagem, mas se consubstan-

108   A TRANSMUTAÇÃO METALINGUÍSTICA...

cia na própria matéria e na estrutura poética. A *construção* se conecta à gênese do poema; são noções que se correlacionam. Nos domínios da *metalinguagem de construção* é enfatizado o gesto criador em detrimento do produto ou obra criada. Prevalece o movimento, não o resultado. Em suma, a *metalinguagem de construção* deixa à mostra os rastros do gesto construtivo, as pegadas do caminho criativo, as marcas do processo. O leitor, ao contemplar o poema, depara-se com sinais do percurso seguido pelo poeta nas etapas de construção.

Com base nestes dois procedimentos metalinguísticos, visíveis no poema que examinamos, e ora conceitualmente esboçados, procederemos à análise dos demais poemas de Edgard Braga selecionados de seus diversos livros e de suas várias fases estéticas. A análise de alguns deles evidenciará a concomitância dos dois procedimentos metalinguísticos que identificamos – metalinguagem de expressão e metalinguagem de construção –, enquanto a de outros revelará a existência de um só dos procedimentos.

Os poemas selecionados são representativos das várias fases da produção do poeta. Procuramos contemplar os períodos da poesia verbal (de influência tardo-simbolista), da poesia concreta, da fase da visualidade (em todas as suas manifestações, poesia-desenho, poesia caligráfica, tatoemas). A existência de maior quantidade de exemplos poéticos extraídos da década de setenta decorre da grande diversidade de procedimentos utilizados por Braga, no período. Graças a esta diversidade, a análise se enriquecerá.

Além de "máquina como se fosse fazer costura", selecionamos os seguintes poemas: "A um Poeta Modernista" (de *Lâmpada sobre o Alqueire*, 1946), "Ode XXII" (de *Odes*, 1951), "Gênese" (de *Subúrbio Branco*, 1959), "Volição" (de *Extralunário*, 1960), "Geogenia" (de *Extralunário*, 1960), "dados-dedos-dados" (revista *Invenção*, 1963), "poema" (de *Soma*, 1963), "ABC Concreto" (poema de 1964, do livro *Tatuagens*, 1976), "Poema-garrafa" (poema de 1965, do livro *Tatuagens*, 1976), "Dedos-dados" (poema de 1965, do livro *Tatuagens*, 1976, "Ser Ver" (poema de 1966, do livro *Tatuagens*, 1976), "Vocábulo" (poema de 1966, do livro *Tatuagens*,

1976), "Uivoo" (poema de 1969, do livro *Tatuagens*, de 1976), "Poem" (de *Algo*, 1971), "livro aeiou nascimento mar tranquilidade signo silêncio" (de *Algo*, 1971), "Limite do Olho" (poema de 1965, de *Tatuagens*, de 1976), "Linotipoema" (Soltos, *Desbragada*, s/d, anos oitenta), "Nascimento da Poesia" (Soltos, *Desbragada*, s/d, anos oitenta), e "Caos" (do pôster *Murograma*, de 1982).

Para integral atendimento dos objetivos deste estudo, que, além de intentar a identificação de procedimentos metalinguísticos singulares na poética de Edgard Braga, almeja o reconhecimento de uma eventual tendência desta metalinguagem no percurso da produção do poeta, realizaremos as análises de poemas seguindo a ordem cronológica da criação dos poemas. Preferimos, portanto, considerar antes a data da construção do poema que a data do livro em que o mesmo foi publicado. Desta forma, poderemos melhor acompanhar a existência de alguma tendência nesta trajetória temporal.

ANÁLISE DE POEMAS

Primeiramente, analisaremos "A um Poeta Modernista", a seguir transcrito:

"A um Poeta Modernista"

Não vale a pena cantar as estrelas:
(elas estão muito longe no céu intangível…)
canta, por isso, as estrelas do poço,
nesse teu quintalejo pobre e esquecido
onde roupas esfarrapadas, nos varais, imitam
o fantasma dos homens sem consolo…

Canta a vida que passa cheia de romances tristes:
a mocinha que ficou louca de repente;
o menino sardento que o automóvel matou;
a pobre mãe chorando e dizendo: "Seja tudo pelo amor de Deus!"

e o Chico-taco que roubou feijão do botequim,
e se matou na cadeia porque era "honesto e tinha fome"...

Canta, poeta! Canta, canta para que o canto
possa esconder as tuas lágrimas, e a tortura
desse teu coração que uiva como um cão
perdido, em noites de lua cheia...

Canta a vida que passa, e acende, no silêncio,
a chama vermelha do ideal fecundo,
que um dia secará as lágrimas maternas,
e alumiará os casebres onde moram a febre
e a tosse (a tosse que regouga no peito cansado
dos teus irmãos que não têm luz em casa...)

Canta, poeta, as estrelas azues do poço:
O céu mora dentro dele.

Lâmpada sobre o Alqueire, 1946, pp. 23/24.

O poema integra o livro *Lâmpada sobre o Alqueire*, editado em 1946, e que, conforme já assinalamos, pertence à fase em que a poesia de Braga ainda recebia influências do parnasianismo e do simbolismo.

Do ponto de vista formal, "A um Poeta Modernista" desenvolve-se de modo bastante convencional, de acordo com os cânones da época, estruturando-se em cinco estrofes de versos brancos e metro longo, discursivos, dissertativos. Embora a estrofação seja irregular, três da estrofes – a primeira, a segunda e a quarta são isométricas, compostas de seis versos cada uma. As demais são heterométricas, tendo a terceira quatro versos, e a quinta e última estrofe, apenas dois versos.

Os versos são livres, não havendo a regular distribuição dos acentos tônicos que ainda imperava no parnasianismo. Nota-se, porém, a existência de alguns decassílabos e dodecassílabos ou alexandrinos. Entre os poucos decassílabos, três estão na primeira estrofe e justamente nos versos ímpares:

Não vale a pena cantar a estrelas

....

canta, por isso, a estrelas azuis do poço,

....

o fantasma dos homens sem consolo.

Entre os alexandrinos (dodecassílabos), há alguns clássicos, com sílabas tônicas recaindo ao término de cada hemistíquio, como o terceiro da terceira estrofe:

desse ter coração, que uiva como um cão.

É o mesmo caso do primeiro verso da quarta estrofe. A maior parte dos versos, porém, supera as doze sílabas. Não há preocupação com rimas. A presença de rima interna no quarto verso da quarta estrofe, "e alumiará os casebres onde moram a febre e a..." configura um caso isolado, parecendo claro que Braga, ao dirigir-se "a um poeta modernista", como faz desde o título do poema, haja optado pelos versos brancos, assim como emprega a maioria dos versos livres, para efetivar um claro diálogo com os modernistas, pioneiros no abandono das rimas e dos preceitos da versificação tradicional no que se refere à métrica e ao ritmo.

Há também uma grande incidência de *enjambement* (encadeamento), podendo-se exemplificar com a terceira estrofe, inteiramente construída com o aludido recurso, o que, evidentemente, constrói uma unidade não apenas sonora como também semântica:

Canta, poeta! Canta, canta para que o canto
possa esconder as tuas lágrimas, e a tortura
desse teu coração que uiva como um cão
perdido, em noites de lua cheia...

O poema dirige-se aos poetas, é uma exortação a todos os poetas (quiçá inclusive ao seu próprio autor, em diálogo consigo mesmo), incitando-os à escolha de temas do cotidiano, da realidade, mais próximos das vicissitudes, das misérias, dores e flagelos do homem. Esta proposta, de natureza evidentemente vinculada à estética modernista, contrapõe-se às características da temática parnasiana, geralmente circunscrita à beleza, à perfeição, às descrições impessoais e minuciosas de locais e objetos, e, por isso, um tanto estéril, distante da verdadeira essência da vida, que é dual, repleta de altos e baixos.

O poeta exorta seus pares a que cantem também a fome, as dificuldades, os crimes, a tristeza. Ao promover esta exortação, o poeta faz metalinguagem, pois fala do poema e de seus temas, daquilo que "deve ser cantado".

Nos primeiros versos, categórico, escreve Braga: "Não vale a pena cantar as estrelas / (elas estão muito longe no céu intangível)". Em seguida, distribuem-se pelas várias estrofes versos iniciados pelo imperativo "Canta", em que são relacionados e exemplificados os temas a serem enfocados. O primeiro destes versos, ainda na primeira estrofe, faz uso de sugestiva metáfora: "Canta, por isso, as estrelas do poço". Estrelas do poço – temas esquecidos, ocultos, não tão fáceis e visíveis como brilhantes corpos celestes, representam as questões da realidade adversa: "quintalejo pobre e esquecido", "roupas esfarrapadas", "homens sem consolo", "romances tristes", moléstias, roubos, e toda sorte de mazelas sociais e morais. O poço também reflete a imagem do homem, como um espelho de suas dores mais profundas, que, segundo a exortação contida no poema, não podem ser esquecidas.

O objetivo deste novo cantar está explicitado na terceira estrofe: "para que o canto possa esconder as tuas lágrimas, e a tortura / desse teu coração..." E o poeta conclui, na quinta estrofe:

Canta, poeta, as estrelas azues do poço:
o céu mora dentro dele.

O último verso, de metro mais curto, heptassílabo, fornece a chave para a compreensão semântica mais ampla de todo o poema. As estrelas do poço agora são chamadas de "estrelas azuis do poço", sugerindo a presença do "céu", isto é, do sublime, da plenitude, nos aspectos mais difíceis do cotidiano.

A metalinguagem presente neste poema é temática, de conteúdo, atuando no significado do texto, operando na constituição de seu sentido. Trata-se, portanto, de *metaliguagem de expressão*, que reveste a linguagem, explicita claramente o que deve ser escolhido como objeto do cantar. Somente o procedimento de metalinguagem de expressão é empregado, não havendo nenhum indício de metalinguagem de construção.

"Ode XXII"

A seguir, analisaremos uma *ode* de Edgard Braga, abaixo reproduzida em sua íntegra:

XXII

Não é no campo, Ceres,
que os olhos teus escritos
veem a rosa do dia, chama
que arrefece
mas no papel em que escrevo,
entre nós dois, distante
o que anoitece...

Odes, 1951, p. 31.

O poema pertence ao terceiro livro de Braga, *Odes,* editado em 1951, e que é considerado por alguns críticos um marco especial em sua obra da fase verbal (fase do verso) pelo evidente salto qualitativo que representa, pelo trabalho empreendido no plano da linguagem. Diz Ruggero Jacobbi (1959) que o livro é um álbum musical e que "a estrutura de cada 'ode' é de uma 'chamber music', de um 'lied', onde o piano evoca os desertos da consciência e a voz humana intervém – súbita, patética – a declamar suas inquietações de amor". Jacobbi também identifica no livro "o silêncio dos fatos consumados, o espanto das meditações".

Este silêncio de quem contempla os fatos já consumados e lança sobre eles uma luz de meditação aproxima-se da postura de Ricardo Reis, heterônimo de Fernando Pessoa, autor das célebres *Odes*.

Como bem acentua Fernando Segolin (1992), há em Reis um "ideologismo estoico-epicurista", bem como "a tentativa de reprodução, a mais adequada possível, da ordem e da perfeição organizacional típicas da natureza e de cada ser que a integra". Oportuna, neste passo, a transcrição do ensinamento de Segolin:

> Inteiramente confiante no poder disciplinador e ordenador do pensamento, entendido, desta vez, como um fator de objetivação e não de deformação da realidade, o texto-Reis busca obedecer às normas do gênero, tidas como naturais, assumindo integralmente os princípios ideológicos do paganismo e a linguagem que os diz. [...]
>
> A linguagem poética passa a definir-se, desta vez, como um instrumento de *expressão plena* do *eu* e de seu "pensamento elevado", e como a forma mais adequada e mais fiel de tradução de tal pensamento (grifos nossos).

Assinala Patrícia Galvão (1951), a Pagu, ao resenhar o livro de Braga, que as odes nele contidas trazem limpidez e espontaneidade e que, entre Braga e Reis, existe "aproximação sentimental, lírica e de atitude". Reconhece a resenhista a existência de "paralelismo" e não de influência entre os dois poetas.

Como Ricardo Reis, a partir de 1914, fora buscar na cultura greco-romana a fonte de inspiração de sua poética (no diapasão de Horácio, em suas odes antecessessoras), Braga, pouco mais de trinta anos depois, evoca estas mesmas formas clássicas para nelas e por meio delas expandir e fertilizar as fronteiras de sua linguagem em permanente transformação. E o poeta encontra, na estrutura de cada uma de suas odes – a principiar pela forma – o veículo perfeito para este adensamento de linguagem, provável embrião dos processos de condensação radical de sua futura obra.

A VOZ METALINGUÍSTICA DE EDGARD BRAGA 115

De acordo com a origem etimológica, ode provém do grego *odés,* que significa canto. Entre os gregos, a ode era uma composição poética de caráter lírico e estrofes simétricas que se destinava a ser cantada. Por isso mesmo, a melodia e o ritmo são elementos que permanecem valorizados nas *Odes* modernas de Ricardo Reis-Fernando Pessoa e nas de Braga. Tal como nos poemas de Reis, as odes braguianas se caracterizam pelo emprego de arcaísmos, e até mesmo de uma sintaxe de feição latina, além de algum rigor métrico e da ausência quase completa de rimas.

Observa Leyla Perrone-Moisés, relativamente às odes ricardianas, que, "do ponto de vista temático e filosófico", impera uma atitude de indiferença perante a transitoriedade da vida, além da já mencionada disciplina estoico-epicurista, do culto aos deuses.

Estas características são também claramente identificadas nas odes de Edgard Braga, de estrofes curtas, a maior parte delas contendo seis ou sete versos, dos quais muitos hexassílabos, embora alguns decassílabos também apareçam. A melodia flui com naturalidade e equilíbrio, ensejando o clima de meditação e reflexão leve, a atmosfera de um desencanto revestido de lirismo, como nos versos "Nada esperes de outrem / sê contigo só teu pão de espírito" (Ode VII, p. 16).

A Ode XXII, selecionada para análise integral, e já transcrita, é composta de sete versos, quase todos hexassílabos. A leveza do fraseado melódico deve-se a uma grande quantidade de vogais a, e e o, e à existência de crases ("que'screvo", no quinto verso) e de elisões ("que os olhos", no segundo verso; "que arrefece", no quarto verso; e "que anoitece", no sétimo verso. Existe uma única rima, entre o quarto e o sétimo versos, fruto de paralelismo sintático, "que arrefece" e "que anoitece", cuja função parece ir bem além da questão sonora, pois cria um paralelismo também semântico.

Diz o poeta: "Não é no campo, Ceres", e, neste vocativo inicial, invoca a divindade identificada com a agricultura e a fecundidade da terra. Ceres era a deusa cultuada pelos romanos, correspondendo à Deméter dos gregos. Além de divindade do campo, do trigo (que gera o pão) e de todos os cereais, também era considerada protetora do casamento. O nome Ceres provém do verbo itálico *creare*, ou, talvez, tenha sua origem etimológica relacionada ao substantivo cereal, que, nas regiões agrícolas da Antiguidade, constituía a principal riqueza. De qualquer modo, *creare* remete a tema dos mais caros ao poeta: a questão da gênese, da criação em todas as suas dimensões – criação do universo, da terra, do homem e de sua obra de arte, criação poética.

A Ode XXII prossegue delineando a metalinguagem que se fazia possível, no âmbito da estrutura temática relativamente rígida própria desta forma de composição. "Não é no campo, Ceres / que os olhos teus escritos / veem a rosa do dia, chama / que arrefece" traz a sequência de duas metáforas, "rosa do dia" e "chama que arrefece". A primeira busca designar a vida, a luz da existência que desponta. A transitoriedade da existência está denunciada na segunda metáfora, "chama que arrefece". A esta se contrapõe o mundo criado/construído pelo poeta *no papel em que escreve.*

Prossegue a ode: "mas no papel em que escrevo / entre nós dois, distante / o que anoitece". Dois blocos semânticos se configuram no texto. Num deles, o campo, a natureza, a presença da rosa do dia e a invocação de Ceres constroem a atmosfera da vida, do mundo real, da natureza. No outro, o papel em que o poeta escreve, a distância e a noite são delineadas no próprio ato poético, no lirismo do poeta, que tenta reconectar-se com a energia primeira do *creare.*

Neste nível metalinguístico ainda nascente, tem-se a *metalinguagem de expressão,* pois o fazer literário (o ato de escrever) está referido no próprio texto, como fundo e significado. Em outras palavras, fala-se do escrever, fala-se a respeito do escrever. O poema se refere textualmente à prática da escrita, tecendo uma comparação com o mundo real criado. Inexistem mecanismos de metalinguagem de construção neste texto poético. Apenas a metalinguagem de expressão se manifesta. Explicita-se, na expressão verbal, a metalinguagem. Lê-se as referências feitas pelo poeta à escritura, que se insere no *locus* do conteúdo e do sentido.

"Gênese"

Passa-se, agora, à análise de "Gênese", de *Subúrbio Branco* (1959). Convém assinalar que, nos oito anos que separam a publicação de *Odes* da de *Subúrbio Branco*, embora hajam sido publicados por Braga outros livros – *Albergue do Vento* (1952), *Inútil Acordar* (1953) e *Lunário do Café* (1954) – ocorreu neste período a lenta maturação de um processo de transformação que só viria a se exteriorizar realmente em fins da década de cinquenta.

Este processo – que passa pela valorização do signo e de seus aspectos de visualidade e sonoridade – decorre do fato de Braga ter tomado conhecimento da poesia concreta, que surgia em São Paulo, e de ter nela encontrado um caminho bastante fértil e propício às suas inclinações transmutantes e, principalmente, ao caminho de condensação de linguagem que caracteriza a linha temporal de toda sua poética. Nos três livros publicados e 1952, 1953 e 1954, praticamente não se tem metalinguagem. Não há transformações dignas de nota nos procedimentos de Braga. Por isso, optamos pela análise de *Gênese*, nesta sequência de exemplos poéticos, por esboçar um passo adiante na transmutação construtiva de uma poética.

Eis a transcrição integral do poema:

um

ni

nho

um

voo

um

o

vo

um

no

vo

um

gênese

"Gênese" é o último dos poemas do livro *Subúrbio Branco*, de 1959, e que é considerado parte da fase pré-concreta da poesia de Braga. O título reitera a ênfase dada pelo poeta ao tema da criação. O fato de um poema com este título ser o último de um livro constitui um paradoxo – a gênese que conclui e não abre uma obra – e é emblemático de uma das transformações mais intensas da poesia braguiana. Trata-se da fase em que Braga realmente abandona o verso e aposta na ruptura da sintaxe e, posteriormente, na ruptura dos próprios vocábulos, para realizar, consumar e integralizar sua nova concepção de poesia. Importante ressaltar que o poema é publicado em livro no ano seguinte ao do lançamento do plano-piloto para poesia concreta, que transcrevemos em sua totalidade no capítulo 2 deste estudo.

Braga constrói um filete ou filamento vertical de dicção monossilábica, utilizando monossílabos verdadeiros, como *um* e *no* e dividindo palavras maiores, dissílabas, "ninho", "voo", "ovo" e "novo", para a obtenção das partículas vocabulares necessárias a seu intento gráfico e, mais que isto, verbi-voco-visual.

O ninho é a sede onde, figurativamente, se *constrói* o poema, onde se processa a *gênese do poema*. A metalinguagem é evidente.

"Voo", "ovo" e "novo", com sua proximidade sonora, criam, materializam o fruto gerado neste ninho. Se há voo, logo depois haverá pouso e, neste pouso, haverá ovo, que representa a invenção, os novos aspectos da poesia que à época se desenhava. A insistente repetição do artigo indefinido masculino singular *um* confere certa leveza ao poema, dando-lhe um som mais anasalado, e construindo melodicamente uma espécie de mantra indiano, em que o som nasal *m* centraliza foneticamente a densidade da intenção semântica. A predominância da consoante fricativa sonora *v* acentua este efeito e constrói uma espécie de canal por onde flui, em sua inteireza, a linha vertical do poema.

Como verdadeiras células, as sílabas constroem a realidade poética do ninho, as asas, o voo da nova poesia, e os novos gens que irão erigi-la.

A metapoesia se consuma em sua plenitude. Tem-se um belo exemplo da *metalinguagem de construção*, realizada na sede dos signos, valendo-se das características singulares de cada fonema selecionado. Na esfera do significante, o procedimento metalinguístico se faz em construção. Desta vez, já não se fala do ato poético, mas se vivencia as pulsações do mesmo. Matéria em construção. Substância em modo de ser poesia.

As próximas análises se referem a poemas do livro *Extralunário*, publicado em 1960, e que pode ser considerado o segundo e último passo do caminho experimental empreendido por Braga até sua cabal inserção na estética concreta, que se daria com a publicação de *Soma*, em 1963. *Extralunário*, que se subintitula *Poemas Incomptos*, apresenta subdivisão em duas partes: "I Parte – Diaclásicos"; "II Parte – Diacústicos". O próprio poeta já adverte, com o uso de tais adjetivos, que os poemas contidos no volume são desprovidos de adornos, ornamentos, enfeites gratuitos e desnecessários. O significado de incompto é justamente tosco. Pode-se pensar, portanto, em poemas puros, sem qualquer outro elemento que não o poético, aqui entendido como valor intrínseco da poesia, em sua essencialidade.

A primeira parte do livro compreende os poemas chamados diaclásicos. O adjetivo se refere à diáclase, em verdade um termo extraído da geologia, e que provém do vocábulo grego *diáklasis*, que significa fratura. Diáclase é um plano que separa ou tende a separar uma rocha em duas partes, sem que, para tanto, haja separação dos bordos. A segunda parte compreende os poemas diacústicos. Diacústica é a parte da física que estuda os fenômenos de refração dos sons.

Percebe-se, portanto, pela simples denominação dada às partes do livro que Braga inseria sua poética em um conjunto de

120 A TRANSMUTAÇÃO METALINGUÍSTICA...

procedimentos destinados a realizar o processo de fragmentação do discurso e da própria palavra. Optando por qualidades próprias da área científica do conhecimento, da geologia e da física (acústica), o poeta deixa nítida a intenção de rigor que presidirá o novo trabalho. A qualidade do literário, agora, para ele, conecta-se à assimilação e utilização de critérios que se amoldam aos princípios da poesia concreta. Almeja Braga a fragmentação do discurso, da sintaxe vista como ultrapassada, e busca as relações e articulações gráfico-visuais entre os elementos do poema.

Selecionamos para análise um poema pertencente à I parte do livro, isto é, o poema diaclásico "Geogenia", e outro pertencente à II parte do livro, o diacústico "Volição". Iniciaremos pela análise de "Volição", a seguir transcrito:

"Volição"

um disco
uma nuvem
uma luz
um sulco

um voo

uma voz
uma vela volição
um leve
voo
(voo)

uma luz
(azul)
sulazul

"Volição" é um dos cinquenta poemas de *Extralunário*, e sua inserção na parte denominada "poemas diacústicos" já antecipa as intenções de Braga no sentido de promover fragmentações sonoras e operar principalmente no nível melopaico da linguagem poética. O poema faz parte de um dos mais importantes momentos de transição da obra estudada, precisamente aquele em que o poeta já fazia largo uso das experiências concretistas, a caminho de sua própria dicção na nova estética.

Os vocábulos escolhidos, monossílabos ou dissílabos (tal como em "Gênese", de *Subúrbio Branco*) agora distribuem-se pela página, de modo a conferir ampla valorização dos espaços em branco, tão importantes quanto os signos. Há exploração máxima do significante, do som, de cada letra impressa, compondo o movimento e o desenho lúdico de um texto-voo. A seleção vocabular sugere sempre imagens de leveza, de uma realidade volátil que flui pelo espaço, como "uma nuvem", ou gira como "um disco", instaurando sinestesicamente ideias de brilho e de tactilidade, como "uma luz", "um sulco", "uma vela". Evidencia-se em "uma luz (azul)" e "sulazul" um caráter de plasticidade. Além da evidente primazia dada pelo poeta ao som, também afloram no texto procedimentos fanopaicos.

A leveza do poema é resultante da dilaceração do verso (procedimento concretista), da ausência de verbos, da seleção de vocábulos curtos, e dos recursos melopaicos muito bem empregados, e que são dominantes no poema. A rica melopeia se estrutura pelo emprego de anagramas, assonâncias, aliterações. Exemplifica-se: há a presença de anagrama na palavra *azul*, que contém a palavra *luz*, e, finalmente, ambas, *luz* e *azul*, estão contidas em *sulazul*, vocábulo criado pelo engenho e pela inventividade do poeta.

Há, ainda, a repetição da consoante labiodental *v*, em *nuVem*, *Voo*, *Voz*, *Vela*, *leVe*, favorecendo a volatilidade imagética, que se identifica com a essência semântica do poema: nuvem, luz, sulco[3], voz, leve voo, elementos que convergem para identificar o

---

3. Sulco é um rego aberto pelo arado. Em Música Concreta é a técnica utilizada por Pierre Schaeffer, que consiste em gravar uma célula musical ou sulco circular a fim de possibilitar ao compositor a indefinida repetição do objeto sonoro (ver-

ato de construção do texto poético, em que devem estar presentes a leveza da nuvem, o brilho e a visibilidade da luz, da vela, da cor (azul), a audácia e a liberdade do voo e a aragem resultante dos sulcos. As sequências de aliterações – *uma voz / uma vela / um leve / voo*, e *uma luz / (azul) / sulazul* – contribuem para a sugestão do movimento do voo, da dança das asas. *Disco, nuvem* e *sulco* conferem ao poema também uma dimensão táctil. As já referidas plasticidade (fanopeia) e musicalidade (melopeia), acompanhadas de tactilidade, tornam completa a atmosfera de sinestesia.

O ritmo é marcado pela presença dos artigos indefinidos *um, uma*, a anteceder cada substantivo (voo, nuvem, disco), fornecendo ao texto uma estrutura binária, que flui suavemente pelo caminho do poema, pelo movimento das asas que se abrem e fecham, em cujos intervalos fluem as pausas, numa dança de luzes e figuras sonoras que alcançam a gênese de todos os voos.

O poema se constrói com *signos-de*, que representam, delicadamente, um passeio sobre o próprio fazer poético, que é voo estético, voo-lúdico, voo-imagético, voo-sinestésico, e que contém informações cognitivas trazidas pela ação diacústica. De sua leitura e interpretação emerge a articulação entre o sentir e o pensar, inerente ao fazer artístico, já preconizada desde a Antiguidade, pelo pensamento aristotélico. Essa articulação parece explicar, em certa medida, o próprio título do poema analisado.

Volição, proveniente do vocábulo latino *volitione,* tem como raiz *volo,* que significa querer. A proximidade sonora de tal raiz com a palavra voo não é casual. Sua escolha, pelo poeta, sinaliza que a construção do texto verdadeiramente poético também necessita do ato volitivo, do querer, selecionar, escolher, pensar o poema em seus vocábulos, em seus elementos sonoros, gráficos, visuais, para produzir os efeitos desejados.

bete do *Dicionário da Língua Portuguesa* de Aurélio Buarque de Hollanda, Rio de Janeiro, Nova Fronteira, 2ª ed., 4ª reimpressão, 1986).

O voo poético jamais será um voo cego. Terá em seu traçado a decisão racional do autor, a atuação da vontade. Pois, como escreve Julio Cortazar (1999), "só o poeta é aquele indivíduo que, movido por sua condição inspirada, vê no analógico uma força ativa, uma aptidão que se transforma, por sua vontade, em instrumento".

Em suma, no poema "Volição", o instrumento de Edgard Braga é um conjunto de bem aplicados *signos-de*, cuja seleção e utilização, revelando indiscutível engenho, produz efeitos sinestésicos, trabalha o próprio conceito do fazer poético, recria o voo metalinguístico em sua própria construção, e, envolvendo todos os sentidos do leitor, em nenhum momento deixa de surpreendê-lo até o *estranhamento final,* causado pela palavra criada de sílabas de outros vocábulos já utilizados: *sulazul,* que, como um espelho, permite leitura em ambos os sentidos, da esquerda para a direita e da direita para a esquerda, como "sul azul" ou "luz a luz (s)".

Exemplo de concisão e inventividade, o poema analisado se constrói metalinguisticamente. Por não se referir claramente ao fazer poético, mas indiciar gráfica e visualmente esse fazer, insere-se na faixa da *metalinguagem de construção,* sendo ele próprio a estrutura que se comunica, em sua organicidade e dinamismo, no jogo de articulações da instância concreta.

"Geogenia"

A próxima análise diz respeito a "Geogenia", longo poema, de nove páginas. De especial relevância, na poética braguiana, o poema também se mostra de suma importância para o desenvolvimento deste estudo, pois apresenta procedimentos de metalinguagem de expressão e de metalinguagem de construção, que se alternam, articulando dinamicamente a transição de uma estrutura poética baseada na sintaxe lógica e discursiva para a sintaxe analógica própria do movimento da poesia concreta. Passa-se à transcrição do poema.

era no princípio o incriado caos
ocaso poeira de antigos mortos astros
então foi dito faça-se céu terra luz
divida-se tempo dia hora manhã tarde
da manhã faça-se primeiro dia noite
faça-se na terra era árvore fruto
tudo se faça que isso é princípio
das coisas sem começo sem fim

geo
genia

primeira asa primeira fonte primeira
água flor vento primeiro som mar
primeira angústia das coisas inscientes
encruzilhada apontando caminho sideral
permanente anelo do *avidyâ* ainda oculto
no modelado barro onde *prâna* mora

nas perdidas áleas da memória Deus
cruza invisíveis raios sobre rosas
sobre que fora bom criar qual símbolo
da breve eternidade do não ser

velho violentado mundo cada vez mais
consumido podre em seu mangal de sangue
sinal do tempo em que pretérito futuro
igualam-se ao acorrentado passo monónimo
obstinada cegueira fermentada lúrida
cavernosa língua onde as águas pastam noite

ah que vento ulula desnastrando juba
que sete mares cobrem de ferrugem vergas
fasquias de músculo afiado gume garra
âncora cravada nas safiras conchas búzio
se dorme a vaga seu dormir de sal
balanço de quimeras devastadas

não doma tigre branco olhos rasteiros
nem tigre amor morte no ossuário
que outono reverdece cada ano dentro
do ínvito peito encovado em solidão
nem bebe orvalho do cio da aurora
sobre roxo junquilho abandonado

no vasto xadrez da onisciente câmera
eis jogam-se dados do indefeso lanço

(jogo)

                       rio
                         corre
                             frio
                                corre
                                     (feito)
              rei
                rói
                  rio
                     frio
                       rio
                             corre
                                   (jogo)

(feito)
            ás
               valete
               dama

                  ouro
                  espada
                  lama
                      homem

pouco nada sabemos quais eram tristes rios
quais eram deuses falando árvore rude tronco
corças mitológicas púberes rainhas pedras
cavalos no cio ancas buídas bruna narina
ensanguentada crina roxo casco lâmina
imolando ervas azuis à indomada força erótica
propulsora da máquina senhor sobre o braço escravo
cérebros cibernéticos olhos gázeos de lince
frenético entregar-se a abomináveis *iets*

aonde vai esse lamento todavia silencioso
do obscuro tombar da pétala outoniça
será que vento leva em seu bornal vazio
modulações desse primário fraturado canto
à praia onde decepada cabeça ainda soluça
derradeiro adeus à assexuada luz bifronte
será será será que o todo é apenas átomo
eletrões no inóspito sentir da irrevocável
queda dos milênios que hão de vir

será que o antigo palco se fechou

di-lo usura fome em seu cruel bocejo
diluída apostema no dorso fratricida
traído leito entre lençóis manchados
pútrida locusta recobrindo safra lodo
sobre cabelo presa do braço vindo
para vindita há muito fermentada éculo
agouro volitando sempre pervertido catre
em que outro tempo outro mundo cauleoso
nascem eis repetem já delidas cruas
embora humildes coisas não superna imitem
feitas à sua semelhança além da página
poluída

beor
  balãao
      balac
          burra
          zurra
          usura
          urra

                        bufa
                            rafa
                                rufa
      usura   rufa   urra

seja esse canto coeterno hálito
ish jagati metro vário inspiração
humilde amor côdea a bestas entes fontes
poema manso espelho leopardo vento
répteis insetos barco mar tempo vaga
mutáveis estações correndo flâmulas
outonal passagem sobre pôr de hora
mão da infância no limiar do limbo
caminho da noite recompondo deuses

    negra   noite   negra
    noite   negra   noite

                era
                era
                era

    negra   negra   noite
                 negra
                 era

    primeiro a árvore lavra lira
    à premissa do canto

árvore

árvore
azul
árvore
azul
árvore
azul
árvore
azul

(árvore)

lirazul

espelho quebrado em lanços de declive
filhos de **david** morrendo
em vão

cabala

burra fala
balaão cala

anjo
fala
burra
cala

fala
cala
fala
bala
bala
cala
fala

cala

(absalão

cala   joab

cala

amnon)

burra

fala

absalão

corvo torvo mundo eis continua

corvo   trevo   negro

     trevo   negro

corvo

corvo   negro   negro

corvo   trevo   negro

corvo

corvo

corvo

(negrotorvo)

trevo negro

corvo

no pântano reino do *adhibhauta*[4].

---

4. O *Dicionário Sankrit-English* de Monier registra os seguintes significados para as palavras e expressões usadas no poema: *AVIDYA* – ignorância ou ilusão, compreensão incorreta, considerada a raiz de todas as coisas prejudiciais existentes no mundo; *PRÂNA* – energia vital; *ISH JAGATI*: *ISH*: Senhor; *JAGATI*: movimento; universo, movimento universal; *ADHIBHAUTA* ou *ADHIBUTA*: seres orgânicos, o mundo material, referente aos órgãos do movimento e do sentido.

"Geogenia" é o segundo poema do livro *Extralunário* e, nele, o poeta retoma o tema da criação e da formação da terra, que sempre lhe fora tão caro. É interessante observar que sua obra imediatamente anterior, *Subúrbio Branco*, encerrava-se com o poema intitulado "Gênese", tendo por tema a criação da vida, o nascimento.

O tema da criação permanece em primeiro plano e, em "Geogenia", essa permanência se dá de um modo especial, atingindo um ponto culminante, por razões poéticas manifestadas nos níveis semântico, sintático e gráfico, e no plano estrutural. Entranhada na questão da formação da terra e da criação do homem está a questão metalinguística.

Em princípio, há que se registrar o encadeamento estabelecido entre o primeiro e o segundo poemas do livro *Extralunário*, "Caos" e "Geogenia". "Caos" é um poema curto, caracterizado pela experimentação de natureza concreta:

> éter
>
> era
>
> éter
>
> terra era éter
>
> etc.

Sua função no livro, antecedendo "Geogenia", é a de uma espécie de anacruse musical, isto é, uma pequena sequência de sons postos em situação rítmica átona, não tética, não tônica, destinada a preparar o tempo forte que adviria com o início do longo poema seguinte, de nove páginas, que refaz o percurso da criação, em seus vários âmbitos. E que, sugestivamente, se inicia pelo verso: "era no princípio o incriado caos".

As seis primeiras estrofes de "Geogenia" são blocos narrativos espessos similares à história do livro bíblico Gênesis. Mas não só o Gênesis embasa o poema. Nele também se encontram reflexos da *Teogonia* (*Origem dos Deuses*) de Hesíodo, referências à Cabala, e o emprego de vocábulos e expressões do idioma sânscrito.

Relativamente à *Teogonia*, oportuno lembrar o teor dos versos 116-22: "Sim bem primeiro nasceu Caos, depois também / Terra de amplo seio, de todos sede irresvalável sempre", que abrem a passagem referente aos Deuses primordiais. A identidade entre esses versos e o inicial de Braga é patente. Segundo a Teogonia, Kháos era uma das divindades originárias. Como escreve Jaa Torrano[5], "o nome Kháos está para o verbo *khaíno* ou sua variante *khásko* (= 'abrir-se, entreabrir-se' e ainda: 'abrir a boca, as fauces ou o bico')". Assinala o mesmo autor que "*Kháos* é a força que preside à separação, ao fender-se dividindo-se em dois", é a "potência que instaura a procriação por cissiparidade, é um princípio de cissura e de separação".

Das primeiras seis estrofes de "Geogenia", uma apresenta oito versos (ou linhas, se considerarmos que a experimentação concreta braguiana, crescente à época, estava justamente a resultar numa poética da chamada era pós-verso), outra é formada por quatro linhas e outras quatro se compõem de seis linhas cada uma. Anota-se que inexiste isometria entre estas linhas ou versos, porém, suas dimensões são similares. Entre as estrofes ou blocos de linhas, há grandes espaços em branco, bem maiores do que os convencionais, e o título Geogenia, disposto em duas linhas, aloja-se na margem direita da primeira página, entre o término da primeira estrofe e o início da segunda. Este arranjo gráfico inicial, por si só, já prenuncia a elaboração visual que adviria no desenvolvimento do texto poético. Nas linhas iniciais, embora narrativas, inexiste pontuação. Tem-se:

era no princípio o incriado caos
ocaso poeira de antigos mortos astros
então foi dito faça-se céu terra luz
divida-se tempo dia hora manhã tarde

---

5. *Teogonia* (*A Origem dos Deuses*), de Hesíodo. Estudo e tradução de Jaa Torrano, São Paulo, Iluminuras, 1995, 3ª ed., pp. 40-47.

O caos, já enunciado no poema anterior, recebe aqui o adjetivo incriado, significando um nada que já estava presente desde sempre, não tendo necessitado do sopro criador para existir. Escreveu Hesíodo: "... primeiro nasceu Caos". Era o espaço aberto, abismal, de extensão ilimitada, sem fundo. Depois, surgiu a Terra, primeira realidade sólida, que deu ao Caos um sentido e um limite, nele inserindo o chão, onde se desenvolveria a vida.

Iniciando seu poema com a alusão ao Gênesis e à Teogonia, Braga realiza, logo no segundo verso ou linha, a transmutação anagramática da palavra caos e escreve "ocaso poeira de antigos mortos astros". Realiza um primeiro jogo de teor semântico e fonético, que já sugere o nascente procedimento de metalinguagem de construção que se expandiria pelo poema. Do caos – que também é ocaso – poeira dos astros que já não são, nascerá a terra, a obra. E nascerá o poema desta inversão lúdica de fonemas, como signos em granulação, a partir da poeira de asteroides. A combinação caos/ocaso, reapareceria, mais tarde, na poética de Braga, em poema pertencente ao álbum *Murograma*, inteiramente visual, caligráfico e colorido, lançado em 1982.

Nas linhas seguintes de "Geogenia", o poeta escreve: "então faça-se céu terra luz / divida-se tempo dia hora manhã tarde" e constrói sequências de elementos sem vírgulas ou conjunções, deixando à vista um das características dominantes da poesia concreta, a nominalização ou substantivação. São as sequências "céu terra luz / tempo dia hora manhã tarde / erva árvore fruto", aglutinadas segundo relação semântica e lógica. Sequências desta natureza aparecem em outras passagens do texto poético, sendo bons exemplos: "água flor vento", na segunda estrofe; "safiras conchas búzio" na página 18, a segunda do poema; "poema manso espelho leopardo vento / répteis insetos barco mar tempo vaga" na página 22, a sexta do poema. Esta característica, porém, ainda não predomina em "Geogenia", pois o poema pertence a uma fase de evidente transição na poesia de Braga, da passagem de uma poética baseada no verso para uma poética do pós-verso. Daí encontrarmos ainda muitos adjetivos (*tigre bran-*

co, olhos rasteiros, junquilho abandonado, tristes rios). Trata-se de uma nominalização ainda incipiente, que se alastraria pela poética braguiana em fase posterior.

A terceira estrofe do poema em estudo inicia-se com a rea-firmação do propósito lúdico, de jogo, operando na construção da terra:

nas perdidas áleas da memória Deus
cruza invisíveis raios sobre rosas
sobre que fora bom criar qual símbolo
da breve eternidade do não ser.

O propósito lúdico é acentuado pela presença dos vocábu-los *áleas* e *símbolo*. O poeta individualiza uma ação de Deus a incidir sobre os seres já criados, em *cruza invisíveis raios sobre rosas*, promovendo aliterações com o emprego das consoantes fricativas alveolares sonoras (o *z* de cruza, o *s* de invisíveis e de rosas) e surdas (o *s* de sobre), as quais, aliadas aos plurais *invisíveis, raios*, e *rosas*, criam um efeito acústico sibilante, su-gerindo o sopro da ação divina criadora. E o trecho culmina com a paradoxal figura *breve eternidade do não ser*, imagem que remete ao pensamento filosófico do pré-socrático Parmê-nides (o ser é, o não-ser não é; o não-ser não é sequer suscetível de ser pensado).

Na segunda estrofe ou bloco, tem-se a presença da expres-são "modelado barro onde *prâna*" mora, nova menção ao ato de fazer, construir, criar, modelar com o barro. Além de significar a presença do sopro da energia vital no barro, na matéria, a ex-pressão está impregnada de teor metalinguístico, pois não deixa de também aludir ao material sígnico, verbal, a ser modelado pelo poeta para a construção do poema.

E, a partir da sétima estrofe ou bloco de linhas do poema, uma explícita alusão ao lance de dados mallarmaico antecede a exploração gráfica dos espaços em branco do papel. Trata-se da modelagem de feição concreta que irrompe lúdica e luci-damente:

134 A TRANSMUTAÇÃO METALINGUÍSTICA...

no vasto xadrez da onisciente câmera
eis jogam-se dados do indefesso lanço

(jogo)

rio
corre
frio
corre
(feito).

As sequências de palavras soltas em movimento diagonal descendente simulam o jogo da criação, desgarrando-se, despregando-se do tecido verbal até aqui compacto do poema. Relevante notar o destaque dado à sequência, toda ela grafada em negrito. O teor metalinguístico permanece realçado, enquanto a presença do criador-poeta surge metaforizada em *onisciente câmera*.

Até este momento, no paralelismo traçado com o livro do Gênesis, já foram criados mares, águas, plantas, flores, vegetais e animais, inclusive alguns mitológicos, como as *quimeras devastadas*. E, movendo elementos e seres como peças de xadrez, ousa o poeta um lance mais ousado de isomorfismo espaço-tempo, já delineado no "Plano-Piloto para Poesia Concreta", de Augusto de Campos, Décio Pignatari e Haroldo de Campos, divulgado em 1958, dois anos antes da publicação de *Extralunário*.

A partir desta irrupção gráfica, permeada pela sintaxe espacial, o poema em análise não seria o mesmo. Nem voltaria a ser a mesma a poesia de Braga. A presença da palavra **feito**, entre parênteses, ao término da primeira sequência visual, é emblemática, dando ideia da conclusão de um primeiro lance deste jogo poético-construtivo. E o poeta prossegue em nova sequência, na qual se destaca, inicialmente, o efeito de ressonância provocado pela reiteração da consoante sonora e vibrante *r*, surgindo a seguir uma sequência vertical das palavras *frio / rio / corre*, fortificando a assonância que já se iniciara com a primeira

A VOZ METALINGUÍSTICA DE EDGARD BRAGA   135

aparição de rio. Por fim, tal como ocorrera com a palavra *feito*, desta vez o vocábulo *jogo* é que surge entre parênteses, como uma legenda confirmatória da natureza lúdica dos procedimentos presentes na composição poética. Confira-se:

rei

rói

rio

frio

rio

corre

(jogo).

Em seguida, são postos no espaço novos elementos de jogo, não mais as peças de xadrez, e sim as cartas do baralho, culminando a sequência com uma inserção semântica inusitada:

(feito)

às

valete

dama

ouro

espada

lama

homem

"Lama" e "homem" não seriam elementos aqui esperados, pois surgem após a sequência de nomes de algumas figuras e naipes do baralho: valete, dama, ouro, espada. Ocorre que o exame cuidadoso dos vocábulos revela seus efeitos polissêmicos habilmente selecionados pelo poeta. Outra possibilidade de leitura se libera das cartas do baralho. Dama não é apenas a figura do jogo, mas a mulher em sentido genérico; ouro é, além do naipe, o metal precioso, símbolo da riqueza; a espada simboliza as lutas do homem, dada a natureza bélica que o acompanha desde os primórdios. *Dama* e *lama* configuram uma rima, que também passa a simbolizar a correspondência entre elementos do jogo de cartas e as misérias morais do homem.

Subitamente, o poeta retoma os blocos ou estrofes longas, agora com nove ou mais linhas. Corças mitológicas e cavalos no cio também vêm povoar a terra, "imolando ervas azuis à indomada força erótica / propulsora da máquina senhor sobre braço escravo". A força de Eros, a violência, e a dominação do homem pelo homem são referidos, e um paradoxal "lamento todavia silencioso" desemboca em nova alusão explícita ao fazer poético: "modulações deste primário fraturado canto". Relevante o exame desta linha ou verso do poema. A metalinguagem, aqui, é de expressão, com clara alusão ao canto (poesia) primário (inicial) que se fratura quando o verso e a sintaxe também se rompem em modulações experimentais que, no futuro, viriam a engendrar a nova poesia de Edgard Braga, já a partir da obra seguinte, *Soma* (1963).

"O fraturado" canto nada mais é senão a estrutura estilhaçada do poema, que ainda oscila entre resíduos discursivos eloquentes e fragmentos de sintaxe tradicional, cuja alternância é a medida da geogenia simbólica que se opera na poética braguiana. Esta seria, aliás, a tônica do livro Extralunário, em cujo posfácio afirmou Cassiano Ricardo (1960):

> Neste *Extralunário*, Edgard Braga, além de provar que possui uma concepção original de poesia, realiza, a meu ver, nova e feliz "performance" em suas investigações líricas e formais. Não só inventa recursos teoricamente; coloca-os a seu serviço, em função do pensamento que domina o livro, da primeira à última página.
>
> Em razão de uma e de outra coisa, pretende uma espécie de reconstrução órfica da terra [...].

De fato, se pretendermos apontar um momento em que se entrecruzam, se combinam, se recombinam e se transmutam os procedimentos da metalinguagem de expressão e da meta-

A VOZ METALINGUÍSTICA DE EDGARD BRAGA   137

linguagem de construção, e se este momento realmente puder
ser indicado na obra de Braga, será ele o livro *Extralunário* e,
precisamente, o poema "Geogenia", com sua fértil polissemia e
sua fecunda plurissignificação.

Na longa estrofe ou bloco de doze linhas que se segue, diz o
poeta:

em que outro tempo outro mundo cauleoso
nascem eis repetem já delidas eras cruas
embora não humildes coisas mão superna imitem
feitas à sua semelhança além da página
poluída

Ora, esta nova referência ao criador – "mão superna imitem
/ feitas à sua semelhança além da página / poluída" intensifica o
desgaste das estruturas que anseiam por reconstrução. Na nova
instância gráfico-visual, palavras desgarradas resíduos de asteroi-
des ancestrais impregnadas de arcaísmos resvalam pela página:

beor
balãao
balac.

E, logo em seguida, sequências verticais em fortes aliterações
e assonâncias múltiplas, reverberam para explodir todo e qual-
quer resquício do arcaísmo que poluíra a página-terra. Prosse-
gue o poeta:

burra
zurra
usura

urra
bufa
rafa
rufa
usura   rufa   urra.

138 A TRANSMUTAÇÃO METALINGUÍSTICA...

Outras menções ao novo fazer poético ainda imperam nas duas e últimas páginas do poema. Digna de registro a densidade metalinguística que se intensifica neste trecho a seguir transcrito:

seja esse canto coeterno hálito
ish jagati metro vário inspiração
humilde amor côdea as bestas entes fonte
poema manso espelho leopardo vento
répteis insetos barco mar tempo vaga
mutáveis estações correndo flâmulas
outonal passagem sobre pôr de hora
mão da infância no limiar do limbo
caminho da noite recompondo deuses

Canto, metro vário, inspiração, poema manso espelho, mutáveis estações, outonal passagem, mão da infância são elementos caracterizadores desta transmutação nascente na poética e na metalinguagem de Braga. O poema, como espelho de vida e da terra, depois de atravessar estações diversas e mutáveis, deseja a recomposição, noutros termos, noutros moldes. A mão da infância – talvez Braga ainda não tivesse consciência à época de *Extralunário* – corresponderia à futura utilização de tantos procedimentos dadaístas em sua obra. Mão da infância que destrói brinquedos para melhor conhecê-los. Porque, mesmo na aventura mais audaz da criação, virá, para Braga e sua poesia, o "caminho da noite recompondo deuses".

As sequências visuais que ocorrem, na parte final do poema – páginas 22 a 25 de *Extralunário* –, adensam, cada vez mais, a experiência com o material sígnico, que passa a ser explorado com maior intensidade. Por isso, os experimentos resultam em verdadeiros poemas concretos, já muito próximos do que seria realizado em *Soma*. É o caso de

```
negra        noite        negra
noite        negra        noite


             era
             era
             era


negra        negra        noite
             negra
             era
```

E escreve Braga:

primeiro a árvore lavra lira
à premissa do canto

```
             árvore

             árvore
              azul
             árvore
              azul
             árvore
              azul
             árvore
              azul

             (árvore)

             lirazul
```

espelho quebrado em lanços de declive.

O trecho aqui transcrito é dos mais eloquentes no sentido de indicar a mescla intensa entre os procedimentos de metalinguagem que identificamos neste estudo: de expressão e de construção. Como numa carta de propósitos e intenções ou exposição de motivos, o poeta esclarece que a árvore, o signo, o material sonoro e semântico se deixa lavrar pela lira. Esta é a expressão do novo fazer poético. Metalinguagem de expressão. A seguir, surge o desenho metafórico deste fazer. Libera-se, então, a metalinguagem de construção, em que os próprios signos revelam a gênese do poema. O azul substitui o verde nesta nova árvore--signo. A coluna vertical com a repetição dos vocábulos árvore e azul expande a construção. A ênfase gerada pela repetição das duas palavras revela que o poeta encontrou a cor certa, o tom certo, o timbre que procurava. Também a lira, agora, passa a ser azul: é *lirazul*. A justaposição do substantivo lira e do adjetivo azul demonstra a plena mescla de procedimentos, assim como a plena conjugação das sintaxes utilizadas em Geogenia: a tradicional, lógica e discursiva, e a anagramática, visual e paratática. Por fim, nesta mesma página do poema, Braga sintetiza seus procedimentos, com a feliz expressão "espelho quebrado em lanços de declive", carregada de poeticidade e ao mesmo tempo muito precisa no exame metalinguístico do próprio poema. As fraturas do espelho, as sequências de declive indicam que o poeta desceu ao limbo, foi buscar nas profundezas do caos os elementos de sua nova poética.

Interessante observar que, nos anos noventa, ao traduzir diretamente do idioma hebraico para o português o Livro do Gênesis, em sua especialíssima concepção crítico-criativa, Haroldo de Campos[6] reconhecia e buscava realçar, segundo suas próprias palavras, "a imagem de um Deus fazedor ou fautor, um poeta cósmico". E, nos versículos iniciais do texto bíblico, por ele qualificado de "poesia da origem", vislumbrava a condensação, "no seu todo e em suas partes, a saga da criação, como um Deus-*Poietés,* metafórico e metonímico". Não é outra a essência de Geogenia.

---

6. *Bere'shit, A Cena da Origem* (*e Outros Estudos de Poética Bíblica*). Transcriações de Haroldo de Campos, São Paulo, Perspectiva, 1993.

Ante as razões já apontadas, podemos afirmar, com Roland Barthes[7], que o poema de Braga

> não é um produto estético, é uma *prática significante;*
> não é uma estrutura, é uma *estruturação;*
> não é um objeto, é um *trabalho* e um *jogo;*
> não é um conjunto de signos fechados, dotados de
> um
> sentido que se trataria de encontrar, é um *volume de*
> *marcas em deslocamento;*

Em "Geogenia", deslocam-se pelo cerne da palavra marcas de construção criativa, em meio a movimentos lúdicos da transmutação metalinguística que se opera por todo o texto poético. Metalinguagem de construção e metalinguagem de expressão se fazem presentes neste longo poema, que pode ser visto como uma declaração de princípios estético-formais da poesia de Braga, em plena transição para a poesia concreta. Enquanto se transformava a linguagem do poeta, transmutavam-se visceralmente seus procedimentos metalinguísticos.

"Dado dedo dado"

Posteriormente a *Extralunário*[8], Braga publicou *Soma,* reflexo de profundo processo de maturação da disciplina e do rigor da poesia concreta. No mesmo ano dessa publicação, 1963, alguns de seus novos trabalhos foram incluídos na revista *Invenção*[9] n. 3, ano 2, sob o título "*3 Poemas de Edgard Braga*". Dois desses poemas fazem parte de *Soma,* mas o terceiro não per-

---

7. Roland Barthes, *A Aventura Semiológica*, São Paulo, Martins Fontes, 2001, p. XVI.
8. Este cômputo não inclui "A Corrente" e "A Voz de Vós", pois foram ambos apenas datilografados, o primeiro também mimeografado – mas não comercialmente editados. Poucos colecionadores os possuem, hoje.
9. *Invenção – Revista de Arte de Vanguarda*, n. 3, ano 2, junho de 1963, p. 58.

tence a nenhum de seus livros. Este será o objeto da próxima análise. Segue-se a transcrição do mesmo:

dado	dedo	dado
dedo	a	dado
	um	
dado	a	dedo
um	um	um
lance	de	dedos
	dados	

Sem título, o poema revela estrutura concreta típica da fase inicial do movimento, em que a sintaxe analógica, substituindo a sintaxe tradicional, lógica e discursiva, multiplica as possibilidades de leitura e amplia o alcance semântico do texto. Em arranjo visual geométrico, os substantivos dado e dedo se relacionam organicamente, e, graças à similitude decorrente da identidade de três fonemas, *d, d* e *o*, sugerem um jogo de dados, lúdico, verbal e construtivo. Um jogo no qual os dados são vocábulos dispostos no branco da página num ritmo ternário. É possível detectar na disposição gráfica do poema a indicação das seis faces de um dado:

dado	dedo	dado
dedo	a	dado.

Dedo e dado, lado a lado, dedo a dado, um pelo outro, o dado que se escolhe cuidadosamente para o lance, tal qual o material sígnico que se escolhe para a construção do poema. Dado escolhido a dedo: dado a dedo. E o lance destes dados que traz todas as probabilidades do acaso. A sequência visual que se segue consiste na repetição, por três vezes, do artigo indefinido masculino um – *um um um* – e torna a simular o jogo, finalmente explicitado por *um lance de dedos*, que alude ao título do célebre poema de Mallarmé. Do ponto de vista fonético, o poema é monopolizado pela consoante linguodental e sonora *d*, e pela alternância expressiva das vogais *a, e* e *o*.

O jogo construtivo do poema não é apenas um ato lúdico e de beleza gráfica, mas sintetiza muito bem os princípios da poesia concreta e incorpora nitidamente o procedimento que nesta dissertação chamamos de *metalinguagem de construção.* O metapoema se explicita pelo emprego alternado dos vocábulos dedo e dado. Esta alternância aponta desde logo para as possibilidades da construção, nesta se incluindo, sem dúvida, o caráter aleatório presente na composição de toda obra de arte. O segundo dedo representa a mais explícita e precisa referência à tactilidade que viria a marcar a obra poética braguiana.

A expressa referência aos dedos realmente veio a se tornar um dos elementos recorrentes na poética de Braga. Em 1966, o poeta assim nomeou um de seus tatoemas: *DEDOS DADOS,* mais tarde incluído no livro *Tatuagens,* editado somente em 1976. Também nesta fase, dois anos antes, publicou um artigo na *Revista de Cultura Brasileña*, editada em Madrid, em 1963, intitulado "Diálogo com Meus Dedos"[10]. Este recorrente emprego da palavra *dedo,* em múltiplos lances e possibilidades, delineia uma marca própria da poesia de Braga. O elemento táctil é um dos principais traços de sua obra. A existência desta peculiaridade insere-se, a nosso ver, no conceito de "desdobramento", tal como proposto por Cecília Almeida Salles (2003), no ensaio "Redes da Criação"[11]. Escreve Salles:

Isto que estou chamando de desdobramento seria exatamente esta *expansão de embriões.* Uma obra, neste caso, guarda um potencial de possibilidades de serem exploradas ao longo do tempo.

10. O artigo "Diálogo com Meus Dedos", de Braga, está publicado na *Revista de Cultura Brasileña*, t. III, n. II, Madrid, dez. 1964.
11. *Op. cit.*

144 A TRANSMUTAÇÃO METALINGUÍSTICA...

Há também um desdobramento de algo que surgiu anteriormente mas em estado sintético [...] (grifos nossos).

O poeta toca o material sígnico, apalpa a substância que se transformará em poesia. A análise em curso demonstra que o poema transcrito consubstancia um verdadeiro jogo, vivificando um dos postulados mais importantes do "Plano-piloto para Poesia Concreta", que assim se enuncia: "O poema concreto tem em sua própria forma o conteúdo". O poema atinge o olho do leitor, reeducando-lhe os sentidos e dando a sugestão visual e sonora lúdica. Estamos diante de um belo e eloquente exemplo de *metalinguagem de construção*.

Passamos, agora à análise de *poema*, que integra o livro *Soma*.

"Poema"

poema
poema
poema
poema
poema
poema
 pó
   e
 mó.

Trata-se do quarto poema do livro *Soma*, evidentemente um metapoema de fabricação concreta, um típico poema da fase mais ortodoxa da poesia concreta, em que a repetição/reiteração do vocábulo *poema* por seis vezes, com todos os seus grafemas componentes na mesma direção, cria um paralelismo que acentua o aspecto físico e significante da palavra, sua facticidade. O processo de construção explicita bem a parataxe presente no movimento da poesia concreta. Uma forma geométrica retangular é delimitada pelas primeiras seis linhas de repetição do vocábulo. Após as seis repetições, seguindo a disciplina da decomposição, o autor desfaz a palavra *poema*, promovendo sua desconstrução em frações – *pó* e *mó* – as quais, muito mais que sílabas, convertem-se em unidades autônomas densamente revestidas de significação e de teor metalinguístico.

O poema traduz um celeiro de ideias de natureza crítica, instiga o leitor a uma reflexão sobre a gênese do poema, da obra de arte, dos seres, em última análise, sobre a criação do homem e de todas as coisas do universo, em seu movimento circular e infinito. Mas também aponta para a transitoriedade da existência, e para a precariedade das formas artísticas.

Primeiramente, assinale-se que a palavra *pó*, decomposta do vocábulo *poema*, é, em si mesma, derivada do latim *pulvus, pulvis,* e possui significado que se insere na ideia e no projeto do poema em análise e em todo o livro *Soma*. Segundo seu sentido literal e dicionarizado, pó é o conjunto de mínimas partículas de terra seca ou de qualquer outra substância que cobrem o solo ou se erguem na atmosfera. Em sentido figurado, pó significa algo sem valor. Quanto à palavra *mó*, é pedra de moinho ou pedra com que se afiam instrumentos cortantes, registram os lexicógrafos. O vocábulo traz ínsito em seu bojo a ideia de renovação, transformação, transmutação, alquimia de signos, seres e coisas. Alude de imediato a moinho – engenho composto de pedras sobrepostas e giratórias, movidas pelo vento, por queda d'água, animais ou motor, e que destina a moer cereais. Moinho também possui o sentido de lugar onde se acha instalado esse engenho ou máquina de triturar qualquer coisa.

As sílabas da palavra poema – separadas e alteradas pelo autor, convertem-se, então, em verdadeiros núcleos semânticos, responsáveis por um indiscutível aumento de significação. A decomposição do vocábulo é a chave para a expansão do significado. A primeira fração ou sílaba, *po,* transforma-se em *pó,* pelo acréscimo do acento agudo, que a transforma. A transformação do significante já indicia, sem dúvida, a transformação de significado que o poema opera. A segunda fração, *ma,* sofre uma transformação mais acentuada, com a substituição da vogal *a* pela vogal *o,* e, além disso, também recebe o acento agudo. *Ma,* sem acento, não possui significado; porém, *mó* é pedra

146   A TRANSMUTAÇÃO METALINGUÍSTICA...

de moinho e, portanto, a alteração realizada, já aponta para a transformação maior que o poema quer anunciar. *Pó* e *mó* mais se assimilam foneticamente e semanticamente. Esta assimilação sugere que ambas as partes de palavra, assim como partículas de terra, de palavra, poema ou qualquer objeto, constituem elementos passíveis de transformação. O *pó* compõe o poema, o objeto, põe vivo o poema. O moinho, com suas pedras, tritura o poema, decompõe-no em minúsculas ou microscópicas partículas.

É importante destacar que a sétima linha do poema apresenta uma quebra – a das frações *pó* e *mó* – e também insere a conjunção *e*. Embora a vogal, na verdade, esteja presente no vocábulo *poema,* desta vez é utilizada com a ideia de adição, de acréscimo, de soma. Se pensarmos numa estrutura rítmica musical, podemos identificar, nas seis linhas de repetição da palavra *poema*, as sesquiálteras – grupos de notas/sons com duração idênticas. E a sétima linha traz a importante mutação/desconstrução, rompendo o modelo paratático que normalmente impera na poesia concreta. Há, aqui, portanto uma ruptura. Importante notar que essa ruptura também se projeta e se experimenta no nível da metalinguagem. Trata-se de procedimento típico do que neste estudo chamamos de *metalinguagem de construção.*

Como já assinalado, o grafema *e* já está presente no vocábulo poema e, pelo natural processo de decomposição da palavra efetuado por Egdard Braga, ele se desagrega das duas outras frações iniciadas pelas consoantes *p* e *m.* Iniciando a sétima linha do poema, a consoante *p* se desloca, avança na página, em relação a todas as demais letras *p* que iniciam as linhas anteriores. Solto, o *e* – agora conjunção aditiva – também se desloca, intensificando o movimento:

poema
   pó   e
   mó.

As frações *pó* e *mó*, embora utilizadas uma única vez cada uma, acabam por revelar cargas semânticas bem mais intensas

A VOZ METALINGUÍSTICA DE EDGARD BRAGA   147

que a do vocábulo poema, embora este se repita por seis vezes. *Pó* e *mó* interagem mutuamente, numa relação dinâmica, funcionando como embriões do poema. Por meio da decomposição em fragmentos, o vocábulo poema tem, assim, ressaltada sua fisicalidade. O poeta logra com engenho realizar várias metas do movimento da poesia concreta.

Braga obtém neste poema o que Augusto de Campos[12] chama de "campo magnético de possibilidades", "um objeto dinâmico, uma célula viva, um organismo completo", um "campo relacional de funções". O poema representa plenamente a "tensão de palavras-coisas no espaço-tempo".

A análise da camada semântica do poema também nos leva a considerar que *pó* e *poeira*, na Bíblia e na literatura cristã, muitas vezes simbolizam a transitoriedade da vida humana. Basta lembrar e registrar aqui trecho do belo poema sapiencial *Qohélet*, na transcriação de Haroldo de Campos[13]:

III, 20

Tudo vai	para um só lugar
Tudo	veio do pó
e tudo	volta ao pó.

O pó transformador, que cria e desfaz, compõe e decompõe, reforça, neste poema, a reflexão sobre o transitório. Uma das vertentes da poesia braguiana, mais intensa na década de cinquenta – o gosto pela reflexão acerca de temas espirituais – reaparece entranhado na construção poética. Este, essencialmente, é o tear poético de Braga. Perscrutando os seres no universo, refaz em muitos de seus poemas o percurso do homem na terra

---

12. *Teoria da Poesia Concreta – Textos Críticos e Manifestos*, de Augusto de Campos, Décio Pignatari e Haroldo de Campos (1950-1960), Cotia, Ateliê Editorial, 2006, p. 71.

13. *Qohélet, O-que-Sabe – Eclesiastes*, transcriação e ensaios críticos de Haroldo de Campos, São Paulo, Perspectiva, 1990.

148   A TRANSMUTAÇÃO METALINGUÍSTICA...

e, espelhando este percurso, examina e reexamina quase obsessivamente o caminho de suas próprias criações poéticas.

Nos termos da tipologia que propomos neste estudo – *metalinguagem de construção* e *metalinguagem de expressão* – reconhecemos no poema em análise a presença das duas categorias, tal como ocorre em outros exemplos da mesma fase da produção poética de Braga. Aqui, porém, existe manifesta predominância de *metalinguagem de construção*. Identificamos *metalinguagem de expressão* na temática do poema. O procedimento aparece nas primeiras seis linhas, em que a repetição da palavra *poema* torna nítido seu caráter de metapoesia, de reflexão sobre a própria poesia. É o fundo, o tema que se apresenta.

No instante em que se dá a ruptura do vocábulo *poema*, exsurge em sua plenitude a *metalinguagem de construção (construção/desconstrução,* na hipótese), em que o trabalho do poeta é dissecar as partes da palavra *poema* e, subsequentemente, do próprio poema, liberando cargas semânticas até então não vistas. As frações, intrinsecamente relacionadas com o fazer poético, com o ato criativo, põem em relevo, uma vez mais, a ênfase dada por Braga à gênese da poética. Por derradeiro, registra-se que este poema se apresenta como uma "concreção crítica", na escorreita expressão de Haroldo de Campos[14].

"ABC Concreto"

A análise que se seguirá é a referente ao poema intitulado "ABC Concreto". Por se tratar de um poema caligrafado, integrante do livro-álbum *Tatuagens*, consideramos interessante a leitura e o conhecimento do poema em seu tamanho original. Ei-lo:

---

14. No prefácio escrito para *Soma*, Haroldo de Campos identificou, na poesia de Braga, a existência de "concreções críticas", "concreções-imagens", "concreções--líricas" e "concreções-existenciais".

A B C
ONCRETO

"ABC Concreto", poema de 1964, inserido no livro *Tatuagens* (1976), é totalmente caligrafado. Apresenta duas colunas verticais, uma bem à esquerda da página e outra bem à direita, funcionando como molduras do espaço em branco central. Cada coluna é composta por uma série de sinais gráficos inventados pelo poeta. Bem abaixo e entre colunas, está caligrafado o título do poema, primeiramente em linha horizontal – ABC – e desenvolvendo-se sob a consoante C as letras ON, CR e ETO, completando o vocábulo *concreto* numa disposição não convencional e com as letras separadas de modo completamente diverso da divisão silábica oficial.

As letras das colunas fazem lembrar ideogramas chineses em sua forma antiga, tal como reproduzidos no ensaio "Ideograma, Anagrama, Diagrama – Uma Leitura de Fenollosa", de Haroldo de Campos. A disposição das letras de *ABC CONCRETO* em colunas verticais acentua esta similitude com a escrita ideogrâmica chinesa. Os sinais inventados por Braga também se assemelham à escrita árabe e com a manuscritura (mágica) dos índios, o que remete a elementos primitivos, ancestrais, primordiais, valorizados e resgatados pelo movimento dadaísta.

Ao propor um novo alfabeto, Braga evidencia o aspecto de renovação da linguagem. Ao intitular o poema – *ABC CONCRETO* – sua mensagem é clara: ressaltar a necessidade de uma nova poética, cuja estrutura material se constituirá de novos signos. Se as letras se transformaram, também o poema e seu modo de construção seguirão as trilhas da transformação. Lançando mão de concretude máxima, o poeta fabrica novos grafemas, novas unidades sígnicas. A metalinguagem é evidente. Contra a padronização dos signos tipográficos, Braga traz os caligráficos. Contra a normatização oficial da língua, tem-se a invenção de novas letras – mais uma aventura braguiana que se experimenta nas camadas do significante e se opera no plano da *metalinguagem de construção*.

As vogais não são todas reconhecidas de imediato, a um "primeiro olhar", ou a uma "primeira leitura". O poema pede para ser decifrado e a surpresa inicial do leitor é substituída pela gratificação da descoberta dos signos.

Parece oportuno lembrar o ensinamento de Schklóvski, segundo o qual

[...] o procedimento da arte é o procedimento da representação insólita das coisas, é o procedimento da forma confusa que aumenta a dificuldade e a duração da percepção, porque em arte o processo de percepção é um fim em si mesmo e deve ser prolongado; a arte é o modo de viver a coisa no processo de sua consecução. Em arte, aquilo que está feito não tem importância.

O emprego da *metalinguagem de construção* é, mais uma vez, pleno. Braga retoma o tema da construção poética e lança as vogais em cena, em primeiro plano, como em *nascimento do som* e outros poemas. Como representações gráficas de sons puros, primitivos, as letras a, e, i, o, u, se unem e se articulam para a formação de um todo. As vogais cantam e constróem um belo edifício poético, repleto de arestas, paredes, pontas, aberturas. Canto assume, aqui, duplo sentido: de cantar, voz, vocal, voga. E sua luz enfrenta procedimentos de *metalinguagem de construção*.

"Poema-Garrafa"

Esse data de 1965 e pertence ao livro *Tatuagens*. Ainda trabalhando o aspecto metalinguístico, Braga compõe um poema-objeto, avançando em direção à tridimensionalidade. Trata-se da fotografia de um objeto composto por três elementos: uma folha de papel contendo um poema caligrafado, uma garrafa transparente e um prato. O poema, inserido na garrafa, instiga à reflexão sobre o leitor, o receptor, o destinatário do texto. A folha de papel em que se escreveu o poema está enrolada como um pergaminho e inserida na garrafa. Há uma alusão direta às cartas e mensagens lançadas ao mar dentro de garrafas, que não esperam resposta imediata e parecem destinadas à posteridade.

A TRANSMUTAÇÃO METALINGUÍSTICA...

A inserção do poema na garrafa aponta para a conservação, a memória, a busca de diálogo com o futuro. A colocação da garrafa em posição vertical, sobre o prato, dessacraliza a seriedade do ato poético, ao incorporar a poesia a um utensílio doméstico. O poema é servido no prato, insere-se no cotidiano, para ser consumido e fruído. E, na borda do prato, está a assinatura do poeta.

Trata-se de uma composição de natureza híbrida, com procedimentos de montagem. O hibridismo resgata o caráter de estranhamento trazido pela invenção artística. O prato suporta a garrafa e esta contém o texto poético caligrafado. Com este poema, que se insere na dicção dadaísta, Braga questiona ludicamente o signo artístico. Obviamente, a *metalinguagem de construção* é encontrada no poema, desde a sua montagem. O poema se constrói metalinguisticamente. Os signos escolhidos integram organicamente uma estrutura que aborda o ato poético.

"Dedos-Dados"

"Dedos-dados", de 1966, também faz parte do livro *Tatuagens* (1976). Compõe-se de um retângulo contendo em seu interior linhas que o subdividem em triângulos de ângulos e tamanhos diversos, e outras figuras geométricas, como heptágonos. Distribuem-se por esses polígonos várias palavras iniciadas pela consoante *D: dedos, dados, de, dardos, Dédalo*, além de combinações como *dedos dados, Dédalo de dados*. Todas as palavras são manuscritas em tipos maiúsculos. O vocábulo *dedos* aparece com muita frequência na poesia de Braga, como já frisamos anteriormente e este fato ressalta a marca do poeta, a presença física da mão, do gesto de manuscritura. Os dedos tatuam vários de seus poemas.

Oportuno lembrar aqui as palavras de Philadelfo Menezes (1995), no ensaio denominado "A Marca do Criador: Poesia Caligráfica"[15]:

---

15. Comunicação apresentada em "Gênese e Memória" – IV Encontro Internacional de Pesquisadores do Manuscrito e de Edições. Publicada nos *Anais* (1995, p. 571).

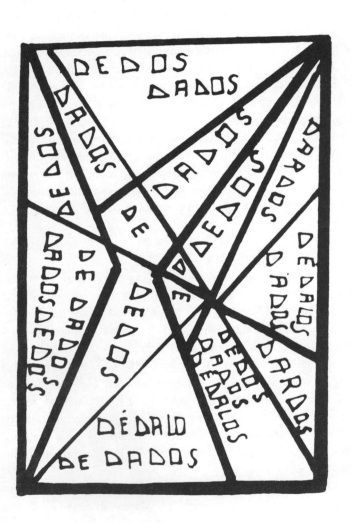

A VOZ METALINGUÍSTICA DE EDGARD BRAGA   155

Em meio às experimentação estéticas das vanguardas históricas, a caligrafia foi um dos principais artifícios de que a poesia se serviu. Ela representou uma tentativa dos movimentos de vanguarda de *anular a intermediação* da indústria gráfica, deixando à mostra *o processo de criação no produto final.*

No poema em análise, a palavra *dados* remete obviamente ao lance de dados mallarmaico[16], instaurador de uma nova proposta em poesia. Evidentemente, tanto o vocábulo *dedos* quanto *dados* qualificam a *metalinguagem de construção* presente neste poema, pelas mesmas razões que apresentamos na análise do poema *dados dedos dados* (revista *Invenção*, 1963). Neste exemplo, porém, a noção de construção toma proporções ainda maiores, dada a visualidade e a disposição dos vocábulos, distribuídos pelas formas geométricas.

Os dedos são agentes do *eu* do poeta. Os dados representam o aleatório, as infinitas possibilidades da construção poética. *Dardos,* por sua vez, apresentando o mesmo significado de lanças, sugerem o movimento de construção do poema, a orientação deste movimento, que se desdobra pelas várias e múltiplas direções em que se desenham as palavras. Poemas – como dardos – se lançam, como no acaso mallarmaico.

Dédalo, figura mitológica, pai de Ícaro, hábil artífice, criador/ construtor de labirintos e inventor das asas para a tentativa de voo humano, é, no poema, mais um elemento a reforçar e roborar o caráter metalinguístico do poema. De acordo com a mitologia grega, Dédalo construiu asas fixadas em cera com as quais seu filho Ícaro e ele próprio alçaram voo. Apesar das recomendações de Dédalo para que Ícaro não se aproximasse demais do sol, o filho não o ouviu e a cera que fixava as asas se derreteu. Icaro acabou por se precipitar no mar, não sobrevivendo.

A aventura desse voo (inobstante o fracasso de seu resultado, para Ícaro) está presente na imagem de Dédalo, dos dados,

---

16. "Um coup de dés jamais n'abolira le hasard", Stéphane Mallarmé, 1897.

156 A TRANSMUTAÇÃO METALINGUÍSTICA...

dardos e nos dedos. Dédalo é quem cria/constrói as asas, assim como o poeta, que projeta dardos em suas palavras, manipulando a materialidade sígnica com os próprios dedos, lançando dados no universo aberto pela linguagem e tecido pela poesia de invenção.

"Ser Ver"

"Ser Ver", um dos mais enigmáticos poemas de Edgard Braga, foi composto em 1966 e está inserido no livro *Tatuagens* (1976). Mesclando caligrafia e desenho, elementos de natureza verbal e visual, o poeta constrói uma reflexão metalinguística a partir dos verbos *ser, ver* e *criar* e da própria palavra verbo. Esta série de palavras vitais e essenciais em qualquer reflexão estética estão dispostas compondo o contorno de um círculo que ocupa a metade superior da página. Há três camadas de palavras no contorno deste círculo. No interior deste, as mesmas palavras aparecem, mas agora estão soltas, escritas em direções diversas.

O círculo é considerado o símbolo da unidade, do absoluto e da perfeição, do tempo e da infinitude. No poema de Braga, o círculo não se fecha; na parte inferior, abre-se por duas linhas retas que se fecham formando um triângulo invertido e que toma a metade inferior da página. No interior deste, estão as letras E e R em tamanho muito superior às demais e entrelaçadas uma na outra, quase a sugerir uma cópula. Abaixo, está a palavra *SER*, escrita em linha vertical.Interessante observar, também, que, para Carl Gustav Jung, o círculo é um símbolo da alma e do si-mesmo.

O triângulo é considerado símbolo da luz, da força, da beleza e da sabedoria de Deus. Aberto o círculo sobre o triângulo, tem-se a impressão de que o poeta desenhou um sorvete. José Aloísio Nunes de Lima (1990) comenta ser possível identificar também neste poema outras formas, como a de um balão ou de uma lâmpada[17].

---

17. *A Poesia Mutante de Edgard Braga*, dissertação de mestrado, PUC-SP, 1990 (Programa de Estudos Pós-Graduados em Comunicação e Semiótica).

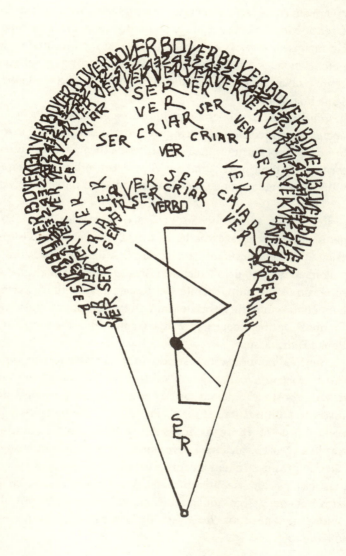

Releva notar, de qualquer forma, que o círculo e o triângulo se abrem um no outro, assim como as palavras e letras se articulam em conjugação semântica que problematiza a questão do fazer poético em correlação com o *ser* do poeta. *Criar,* manipular, manusear o *verbo,* extrair o máximo de significado de suas potencialidades é o que deseja o poeta. *Ver* instiga a reflexão sobre o olhar poético. A *metalinguagem de construção* está presente no poema.

O poema "Ser Ver" está reproduzido no livro *O Silêncio dos Poetas,* do crítico e poeta português Alberto Pimenta[18], que sobre o mesmo afirmou: "...a orla exterior formada pelo *verbo* torna-se no interior *ver, criar, ser.* A palavra (verbo) é a orla que tudo fecha e iguala; onde ela não chega vivem e movem-se: ver, ser, criar".

Registra-se, ainda, que "Ser Ver" foi o poema de Edgard Braga escolhido para fazer parte do cartaz referente à exposição *Poesia Concreta Brasiliana,* realizada em Milão, de 15 de abril e 7 de maio de 1999 pelo L'Instituto Brasile-Italia, com a colaboração do Consolato Generale Del Brasile a Milano. Do cartaz também fazem parte obras de Haroldo de Campos, Augusto de Campos, Décio Pignatari, José Lino Grunewald, Wladimir Dias Pino e Pedro Xisto.

"Ser Ver" também está inserido no DVD referente à exposição *Tudo é Brasil,* realizada no Paço Imperial do Rio de Janeiro, de 4 de agosto a 10 de outubro de 2004 e, posteriormente, no Instituto Cultural Itaú, em São Paulo, de 8 de novembro de 2004 a 6 de fevereiro de 2005. A exposição teve a curadoria de Lauro Cavalcanti e apresentou uma importante seleção de obras destinadas a promover uma reflexão sobre artes plásticas, psicanálise, literatura, cinema, televisão, economia, antropofagia, design, música, ciência política e dança nos últimos cinquenta anos. *Tatuagens,* de Edgard Braga, foi exposto na íntegra.

---

18. Capítulo 5, *Olhar e Ver,* Lisboa, A Regra do Jogo Edições, 1978, pp. 125-148.

"Vocábulo"

"Vocábulo", outro poema de 1966, e que também faz parte do livro *Tatuagens* (1976), tem proposta metalinguística explícita que se realiza e se exercita nos domínios da *metalinguagem de construção*.

Edgard Braga constrói caligraficamente dois círculos unidos, revestidos pela palavra-título, *vocábulo,* que, no círculo superior, é manuscrita em todos os sentidos e direções, inclusive formando linhas curvas. O poeta pretende fazer de tudo com as palavras e, neste poema, vocábulo representa a totalidade das palavras. Fazendo uso de uma só palavra, Braga extrai dela alta dosagem de significado – o máximo no mínimo (condensação vocabular).

O significante se desconstrói: além da palavra vocábulo em sua forma íntegra, aparece a sua decomposição, sua fragmentação em letras e sílabas – *voca, bulo, vo, v v.* A ruptura da palavra em partes ocorre no interior dos círculos e os fragmentos os preenchem como moléculas ou átomos.

No círculo superior, as sílabas que constituem o contorno estão mais coesas, mais aglutinadas, portanto, o grau de densidade é maior. Dentro dele, a palavra se mostra em linha vertical, horizontal e até mesmo curva. No círculo inferior, o contorno é mais rarefeito, e, em seu interior, vê-se a palavra *vocábulo* escrita várias vezes em linha vertical.

O círculo é uma figura recorrente na obra poética de Braga. Além de conotar perfeição e infinitude do tempo, os círculos do poema *vocábulo* parecem representar câmaras de construção e de desconstrução da palavra, um espaço similar aos chamados *úteros alquímicos,* fornilhos nos quais os alquimistas realizavam importantes transmutações físicas, místicas e morais.

Em seu poema *vocábulo,* Braga evoca e sintetiza as transformações estéticas das primeiras duas décadas do século XX. Captura a palavra, deforma-a, como calígrafo dadaísta de olhos apontados para o futuro, fragmenta e transmuta o vocábulo, instigando-os a renascer mais livres e mais plenos.

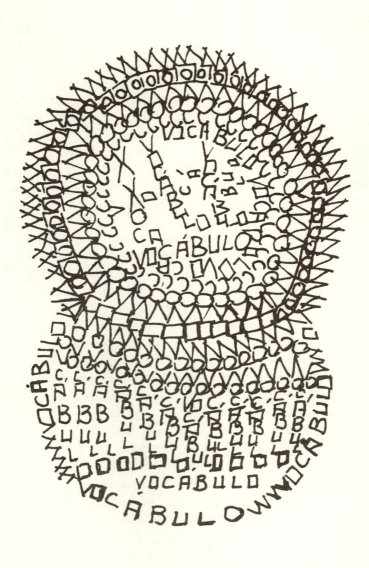

O poeta dá vida e autonomia a cada sílaba, a cada grafema, mostrando que a desconstrução e a construção/reconstrução representam faces de um mesmo fenômeno cujo cerne é o movimento dos signos no percurso da gênese poética.

Interessante observar, ainda, o caráter precursor de certos procedimentos utilizados no poema *vocábulo*. A deformação da palavra, caligrafada em linha curva, côncava, de modo ainda rudimentar, nos anos 1960, viria a construir, trinta anos depois, sofisticado procedimento somente possível graças aos avanços tecnológicos dos meios eletrônicos. Como exemplos, citamos a infopoesia de Ernesto Mello e Castro, que trabalha com processos de transformação consistentes no deslocamento do pixel (o menor elemento de uma imagem na tela do computador e cuja mobilidade permite a transformação das imagens virtuais). Frequentemente, o poeta português se utiliza de procedimentos que transformam as partículas por deformação e o resultado pode ser visto com clareza nos poemas das páginas 25, 33, 35, 36 do livro *Algorritmos – Infopoemas*, de Mello e Castro[19], os quais se intitulam, respectivamente, "Esquecer", "Urdidura", "Um São 1", "Um São 2".

Entre os poetas brasileiros, merece destaque o pioneiro trabalho de Augusto de Campos, um dos criadores da poesia concreta brasileira, que, nos últimos quinze anos, tem conjugado seu fazer poético de acentuado teor de visualidade e sonoridade aos meios tecnológicos mais avançados. Também devem ser mencionados os trabalhos de Arnaldo Antunes e Julio Plaza.

Ricardo Araújo (1999), seguindo a definição de Décio Pignatari, de que "o poeta é um designer da linguagem", comenta que, em Augusto de Campos, existe uma busca de combinações fônico-gráfica "por meio de uma seleção minuciosa de tipos e letras estilizados para representar o elemento verbal"[20]. Para ele, que

---

19. E. Mello e Castro, *Algorritmos – Infopoemas*, São Paulo, Musa, 1998.
20. *Poesia Visual. Vídeo-Poesia* é o livro de Ricardo Araújo editado em 1999 e que relata as experiências multimídia realizadas com poemas de Augusto de Campos, Arnaldo Antunes, Haroldo de Campos, Décio Pignatari, entre outros, com os

162 A TRANSMUTAÇÃO METALINGUÍSTICA...

sempre recorreu a elementos tipográficos distintos, utilizando-se inclusive de letra-set para obtenção dos efeitos desejados, os novos recursos de composição vieram a realizar plenamente a poesia verbi-voco-visual preconizada desde o lançamento do Plano-piloto para poesia.

"Uivoo"

Trata-se de um poema visual-caligráfico de 1969, inserido no álbum *Tatuagens* (1976). Consiste em uma linha diagonal caligrafada com a palavra-título "Uivoo" – justaposição das palavras uivo e voo. O movimento ascendente da linha caligrafada produz uma sugestão sonora também ascendente, como se a palavra atingisse registros cada vez mais agudos à medida em que se eleva espacialmente.

A livre direção das linhas (oblíquas, verticais) faz parte do programa da estética, programa esse proposto em 1914 por Tommaso Marinetti[21]. A influências do futurismo e também dos *calligrammes* de Apollinaire são evidentes. O gesto insere-se na visualidade do poema. A escrita caligráfica aproxima o esboço e a obra acabada, reduzindo a distância entre processo e produto. O processo aparece no produto. O ato de fazer se torna visível, a construção do poema ganha visibilidade, pois o gesto criador do poeta permanece retratado no poema. Em outras palavras, lendo-se/vendo-se "Uivoo", é possível reconhecer em que direção se deu a escrita e o olhar refaz o percurso do poeta.

Em "Uivoo", há variações de intensidade na escrita. As dimensões dos caracteres caligrafados também se altera. Tanto a intensidade – força dirigida sobre a tinta – quanto o tamanho das letras aumenta até atingir um ápice, e, em seguida, decres-

recursos pertencentes ao LSI (Laboratório de Sistemas Integrados) da Faculdade de Engenharia (Politécnica) da USP.

21. Tomaso Marinetti, *Il Manifesti del Futurismo* (Florença, Edizione di Lacerba), *apud* Augusto de Campos, *Teoria da Poesia Concreta*, p. 36.

164   A TRANSMUTAÇÃO METALINGUÍSTICA...

ce. O uivoo é o próprio poema em sua missão de ultrapassar os limites do tempo, da matéria, e dos signos que o compõem. A representação caligráfica do uivo parece realmente voar. Este uivoo caligráfico desperta os sentidos do leitor, instiga sua percepção e também propõe que se reflita sobre o movimento da mão que gera o poema. O que nos faz lembrar as palavras de Cecília Almeida Salles (2000): "Todo ato criador *é ação da mão que pensa e sente*" (grifos nossos). Portanto, vemos em "Uivoo" uma estrutura dinâmica, em que o fio de tinta tece o voo *metalinguístico de construção*.

"Poem"

"Poem" integra *Algo*, um envelope composto por pranchas soltas contendo poemas visuais impressos em branco e preto, em positivo e negativo, desvendando o avesso de cada imagem.

Sobre o poema de fundo branco, está inserida a palavra *poem*, em letras de tipo letra-set de cor preta. A palavra parece estar caindo, atraída pela força gravitacional desta singular poética. O mesmo desenho em idêntico fundo – apenas com as cores invertidas se repete, estando a palavra *poem* composta em letra-set de cor branca sobre o fundo preto. Neste segundo caso, o fundo se assemelha a um céu estrelado ou uma carta celeste.

O mundo deixa de ser compacto; está pulverizado. Camadas de pó recebem o poema para desintegrá-lo e depois reintegrá-lo. Segundo as palavras de Carlos Ávila (1984), em *Desbragada*, *Algo* contém "poesia no fio da navalha, poesia-quase brilhando pelos interstícios. Entre o ver e não ver, poesia". Augusto de Campos, ao prefaciar o livro *Algo*, reconhece nos poemas "uma modalidade especial de tatuagens". Chama-as de "erosões gráfico-vocabulares numa técnica mista, nanquim com estilete e letra-set. Palavras bisturizadas com uma habilidade manual que é ínsita ao poeta-médico. nebulosas onde subsiste um pó de palavras quase impalpáveis".

Está evidenciada neste metapoema – como nos demais que compõem o conjunto de pranchas de *Algo* – a *metalinguagem de construção*. O poeta põe a nu os elementos estruturais da palavra e os elementos inaugurais da poesia.

> "Livro aeiou Nascimento Mar Tranquilidade
> Signo Silêncio"

"Livro aeiou Nascimento Mar Tranquilidade Signo Silêncio" também pertence ao livro *Algo*, de 1971, e apresenta tão grande título para um poema de que estão ausentes tanto os signos verbais qualquer forma representativa ou figurativa. Trata-se de um poema construído por rastros, minúsculos pontos brancos sobre a prancha de fundo preto e minúsculos pontos pretos sobre a prancha branca. Com algum esforço, o leitor conseguirá, talvez, decifrar algum rastro de letras – da palavra concreto – no centro da página. O grau de acerto desta identificação, porém, será o mesmo do reconhecimento de figuras entre as nuvens, no céu. Como nas demais pranchas deste livro – vislumbramos uma carta celeste noturna (na prancha escura) e seu espelho ou negativo na duplicação de fundo branco.

O título do poema é altamente elucidativo. Parte de elementos concretos até atingir o silêncio. Das sete palavras que compõem esse título, *livro* e *aeiou* são de evidente alusão metalinguística. As cinco vogais são frequentemente destacadas nas obras visuais de Braga, que até nomeia um de seus poemas de "Canto das Vogais". A palavra *nascimento* enfatiza a questão da gênese, da eclosão da poesia. A sequência *mar tranquilidade* acena com a visão da terra vista de fora e remete à ideia de que a vida principiou na água. E, por fim, a dupla de palavras *signo silêncio,* completa a reflexão sobre o fazer poético. O signo desemboca no silêncio. Silêncio contemplativo, perceptivo, reflexivo, reinstaurador de todo o processo de gestação do poema. Concreções e erosões, granulações e transmutações, tudo compondo um tear metalinguístico-construtivo nas partituras poéticas de Edgard Braga.

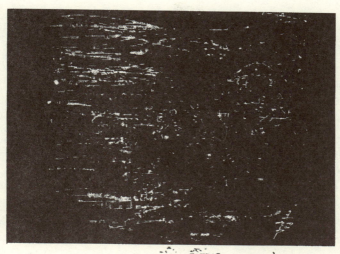

168 A TRANSMUTAÇÃO METALINGUÍSTICA...

Os poemas do livro *Algo* – em especial o objeto da presente análise – guardam grande similitude com alguns dos infopoemas inseridos no livro *Algorritmo,* de Ernesto de Mello e Castro, anteriormente mencionado.

"Limite do Olho"

"Limite do Olho", de 1965 (*Tatuagens, 1976*), é um poema visual que apresenta a expressão-título e as palavras limite, eu, olho e poema, as quais se repetem e se espalham no papel por meio da utilização de um carimbo especialmente preparado pelo poeta. As palavras aparecem todas na horizontal, estando algumas ligeiramente inclinadas. Algumas das letras se sobrepõem a outras e o poema toma a aparência de uma grande constelação de grafemas-asteroides ou de uma partitura musical em que as vozes compõem um desenho contrapontístico. Pode-se identificar várias combinações: *limite do olho, limite do eu, limite do poema,* cujo alcance semântico converge, uma vez mais, para o eixo metalinguístico. A *metalinguagem de expressão* aparece no título e em algumas expressões (limite do poema). A *metalinguagem de construção* encarna a estrutura do poema.

O poeta alterna a intensidade no ato de carimbar as palavras e, por isso, nem todas elas aparecem inteiras. Algumas parecem rastros, manchas, pegadas, sombras de antigas palavras ou promessa de palavras futuras. Todas constituem um tecido fino, como células vistas ao microscópio. O olho filtra a matéria, escolhe o signo que comporá o poema. A disposição das letras na página sugere movimento de flutuação por um espaço cósmico: abertura do signo em seu próprio des/limite. Segundo Alberto Pimenta, neste poema,

[...] as palavras limite, eu, olho e poema são combinadas numa intensidade de postulados, isto é, combinações sintáticas que desfazem, pela sua multiplicidade, o horizonte do logos, e ao mesmo tempo fazem avançar para primeiro plano o horizonte inquieto dos sentidos, na busca de autodelimitação.

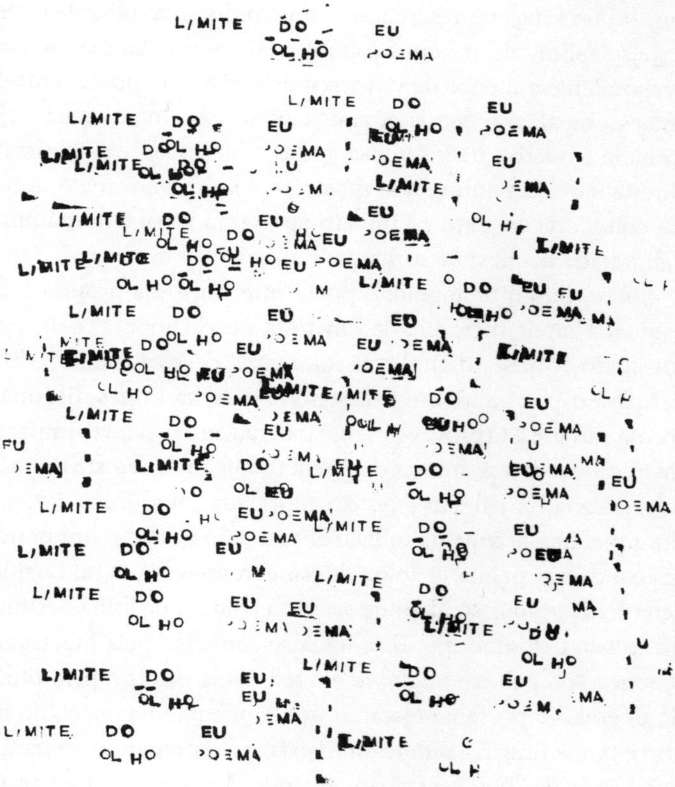
LIMITE DO EU
OLHO POEMA

"Linotipoema"

"Linotipoema" pertence ao conjunto *Soltos*, que abre a antologia *Desbragada* e também pertence à fase visual da produção poética de Braga, em que a escrita caligráfica ganhava crescente relevância. O poema é um retângulo inteiramente delimitado por linhas retas, representando/simulando uma folha de papel. Esta se subdivide em duas colunas: a da esquerda, menor, correspondente a menos de um terço do retângulo, possui em seu interior a palavra *máquina*, vinte e uma vezes manuscrita, caligrafada em letras de imprensa, todas maiúsculas; e a coluna da direita, cujo tamanho, bem maior, tomando mais que o dobro da coluna da esquerda, também apresenta a palavra máquina caligrafada da mesma forma.

Sobre todo o retângulo, o poeta imprimiu sua própria mão esquerda, após mergulhá-la em tinta ou carimbo e, com este inusitado recurso, digitalizou sua marca pessoal e intransferível para o poema. Sobre o desenho ainda há linhas diagonais formando um M (provavelmente para acentuar o forte impacto da mão, marca sua, matriz do poema). Digna de registro, ainda, a existência da palavra *espaço,* caligrafada uma única vez, sobre uma área branca da folha, sobre a mão tatuada, um pouco abaixo de sua palma. A folha de papel representada no poema, cenário da ação gestual, pode ser vista como uma folha destinada ao uso pelo linotipo. Esta ideia se confirma pela incessante repetição da palavra *máquina* e é reforçada pelo próprio título do poema. Importante ressaltar que o poema foi concebido na fase em que Braga já publicara *Algo* (1971) e preparava-se para a publicação de *Tatuagens* (1976), quando já abandonara a máquina de escrever e inseria sua poética em um universo completamente novo, mesclando o elemento verbal e o visual.

"Linotipoema" tem natureza metalinguística explícita: a proposta do poeta é refletir sobre a produção da obra poética, do texto, da escritura. Braga tematiza o processo de produção, a gênese da obra, fazendo uso da repetição da palavra *máquina*, para realizar uma crítica da produção industrializada (em série)

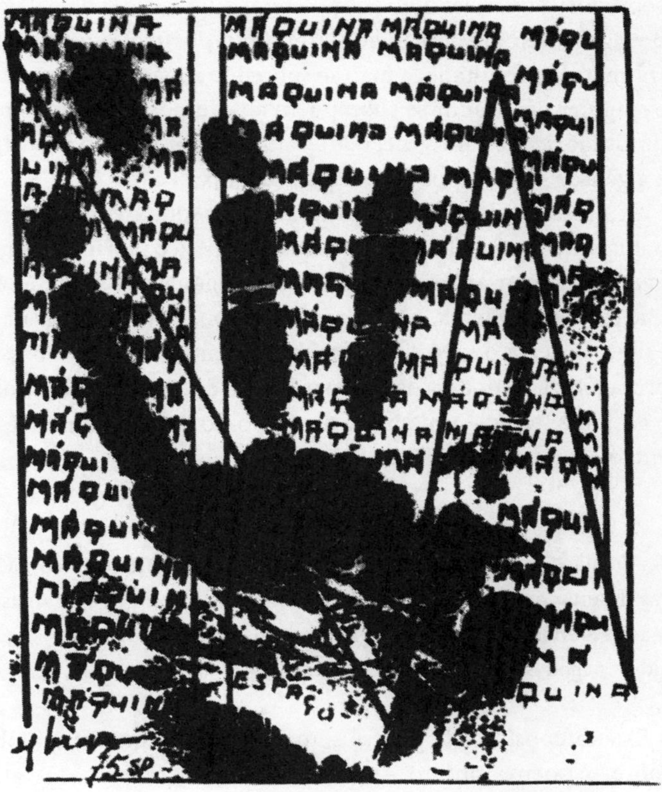
MÁQUINA
MÁQUINA MÁQUINA
MÁQUINA MÁQUINA
MÁQUINA

de objetos – estéticos ou não – similares ou idênticos, em que o eu do criador parece estar quase ausente. Satirizando e ironizando a produção em série, Braga utiliza dois recursos: o primeiro é o emprego da caligrafia, escrevendo à mão justamente a palavra máquina, subvertendo e esperado uso do linotipo que nomeia o poema; e o segundo, ainda mais contundente que o primeiro, é a sobreposição de sua mão sobre o retângulo repleto de palavras, de signos verbais. Por meio deste gesto poético, o processo se sobrepõe ao resultado, a mão se sobrepõe à máquina, o peculiar e singular do criador se sobrepõem aos despersonalizados produtos fabricados em série, o artesanal se sobrepõe ao industrial e a gênese se sobrepõe ao poema acabado.

A presença desta marca caligráfica personalíssima instaura, naturalmente, a reflexão sobre o fazer poético, abrindo as portas para "repensar" este fazer. A metalinguagem é clara: a mão que escreve o poema, que opera o linotipo, e que datilografa ou caligrafa deixa de ser simplesmente um instrumento e passa a protagonizar o poema, levando o leitor a centrar seu olhar sobre o gesto de "tatuar" uma parte do corpo no papel-poema. Vê-se, então, como observa Lúcia Santaella,

"[…] o corpo extrojetado em movimentos de mão…", "[…] sutilezas de mãos prolongadas num meio suporte (papel, muro, chão). Marcas de um corpo-mente experimentando e deixando pelos canais da mão prolongada em tintas ou grafites, seus primeiros traçados – vestígios – pegadas – inscrições no mundo".

A sobreposição da gênese – marca da mão que gera a obra sobre o poema pronto – não só instiga a reflexão metalinguística como caracteriza uma faixa especial de metaliguagem, a que neste estudo chamamos de metalinguagem de construção, a qual, além de refletir sobre a composição do poema e seus procedimentos – gênese e percurso de criação – examina os instrumentos, a técnica, os materiais escolhidos e utilizados e os efeitos decorrentes do mero uso da máquina. Valorizando também o elemento lúdico, os procedimentos gestuais e cali-

A VOZ METALINGUÍSTICA DE EDGARD BRAGA   173

gráficos de Braga, muito bem visualizados em "Linotipoema", servem com excelência a seus propósitos crítico-reflexivos.

Como observa Philadelfo Menezes[22], entre as experimentações das vanguardas históricas (sobretudo os futurismos italiano e russo), "a caligrafia foi um dos principais artifícios de que a poesia se serviu" e sua reinserção como elemento plástico do texto "faz parte da utopia vanguardista de romper com as intermediações entre autor e receptor". A interação entre gestualidade e corpo no espaço poético foram e continuam sendo marcas de um pensamento estético que almeja reduzir a mediação, abreviar o hiato entre o produto e o ato de fazer.

Assinale-se, ainda, que, pela amplitude de seu significado, a mão, que representa papel relevante nas artes plásticas e nas danças rituais, insere-se em "Linotipoema" com a proposta de alterar o curso e o ritmo da máquina, de dar-lhe o caráter pessoal que a caligrafia resgata. Daí a bela inserção do vocábulo *espaço* sobre a mão do poeta. Mão a fertilizar um novo espaço estético, prenhe de incessante inventividade.

"Nascimento da Poesia"

"Nascimento da Poesia" integra o conjunto *Soltos* e é construído por formas geométricas unidas entre si – sobre as quais estão grafadas algumas letras e palavras: *ABC, PA LAVRA, DA-DA, POEMA* e *AEIOU*. As formas retangulares se assemelham a livros que se ligam a outros livros. Há sobre essas formas linhas diagonais que se cruzam no centro, de modo a quase sugerirem um prisma. Nada no poema exibe aspecto de acabamento ou de exatidão. Ao contrário, o tom é dado pelo precário e improvisado jogo de linhas e letras, signos de visualidade e elementos verbais novamente conjugados no metapoema. Há sugestões de perspectiva. O título já indica a reflexão metalinguística que

---

22. Philadelfo Menezes, "A Marca do Criador: Poesia Caligráfica", em *Gênese e Memória* – IV Encontro Internacional de Pesquisadores do Manuscrito e de Edições, São Paulo, Ed. Annablume e APML, 1994, pp. 571-577.

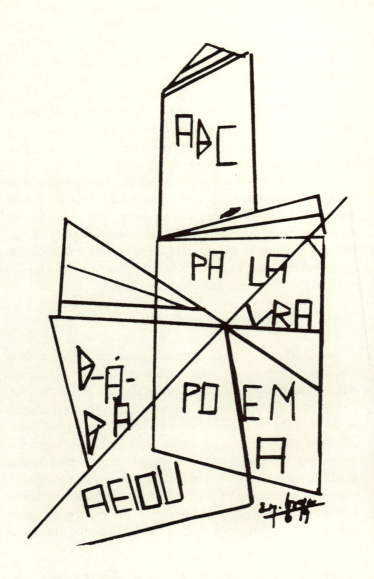

A VOZ METALINGUÍSTICA DE EDGARD BRAGA 175

percorre todo o poema. As palavras selecionadas completam este panorama da *metalinguagem de construção*. O vocábulo PALAVRA desenhado com suas sílabas separadas dá ao leitor a impressão de ver sua formação, o que simboliza os procedimentos de composição de toda e qualquer palavra. A decomposição de PALAVRA em suas três sílabas, as duas primeiras (PA e LA) na mesma direção, e a terceira (VRA) ocupa espaço abaixo das demais, delas separada estrategicamente. Valoriza-se, assim, o aspecto sonoro e visual de cada sílaba.

A colocação da sílaba LA acima da sílaba VRA permite a leitura de LAVRA, gerando uma maior amplitude semântica. Lavrar (arar) a palavra remete à busca de renovação e arejamento da linguagem, proposta pelas vanguardas do inicio do século vinte. O poema também traz a palavra-marca-emblema do dadaísmo, DADÁ. ABC e AEIOU também aludem ao dadaísmo, representam elementos típicos de seu programa, pois simbolizam as sequências de grafemas descobertas no processo de alfabetização e aprendizagem. As linhas que sugerem livros assemelham-se a lascas ou frações de espelho, fraturando as unidades geométricas, criando fendas que propiciam novas possibilidades de significação abertas pela ousada aventura no universo do significante.

"Caos"

"Caos", de 1982, integra *Murograma* – poema desdobrável, visual e colorido lançado naquele mesmo ano e pertencendo, portanto, à última fase da produção poética de Braga. Após a edição dos livros *Algo* e *Tatuagens*, a mescla entre elementos verbais se incorporou de modo definitivo à poesia braguiana, assim como a intensificação das reflexões metalinguísticas. Em "Caos", os elementos pictóricos se entrelaçam à palavras para dar ideia do passar do tempo e da passagem do homem pelo tempo.

Dois círculos – como espirais – sugerem olhos logo na parte superior da página. Identifica-se, então, um rosto, onde se des-

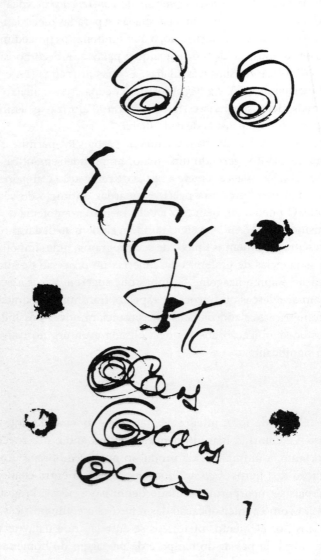

taca o olhar (poético, crítico, metalinguístico). Abaixo do olho direito, inicia-se o desenho da abreviatura *etc*, que se repete ainda uma vez. Os traços destas letras são grandes e toscos e dão uma impressão de escrita ideogrâmica chinesa. Abaixo, há três linhas horizontais:

ocaos

ocaos

ocaso.

Quatro manchas de tinta escura completam o tatoema. O caos é o início e o fim do mundo, do universo, do texto, da poesia. Fértil e fecundo, rico de potencialidades latentes. Num paralelismo sonoro de riqueza semântica, após a repetição de *ocaos,* por duas vezes, há a palavra *ocaso.* Apenas a inversão de duas letras – o e s – altera o significado e conferindo uma gradação de sentido.

Do caos à gênese. Do escuro, brota a luz. Da matéria latente nos signos, emergem os embriões do poema-universo que vive, se expande, e retorna ao ocaso, ao poente, na espiral do tempo.

Conclusões

O estudo empreendido ao longo desta pesquisa, com base em conceitos da teoria funcionalista de Roman Jakobson e a partir do exame das várias fases da produção poética de Edgard Braga, pôde oferecer algumas certezas, confirmando a hipótese inicial, relativa ao reconhecimento da singularidade existente no emprego da metalinguagem pelo poeta. Esta singularidade se delineia pela presença da de uma metalinguagem incipiente na fase verbal, nos primeiros anos da fase de sua poesia verbal, nas décadas de vinte a quarenta, e que vai se intensificando nos anos cinquenta. É ainda uma metalinguagem que se realiza *exclusivamente no plano temático*. A intensificação contínua da presença metalinguística acompanha o *processo de condensação da linguagem* da poesia de Braga, bem como a crescente existência do estranhamento provocado por suas obras, gerador da *desautomatização* da percepção.

Podemos inferir, ainda, que, durante a trajetória poética de Braga, ocorreu um crescente interesse pelos aspectos ligados à criação e à construção do poema. Esta recorrente abordagem dos fenômenos relacionados com a *gênese poética*, e o modo como se desenvolve – com a retomada, em poemas novos, de ideias de fragmentos já utilizados em poemas anteriores (de que é exemplo eloquente o jogo anagramático e lúdico resultante do emprego dos vocábulos *dedos* e *dados,* em vários poemas braguianos de teor metalinguístico) – é indício de *desdobramento*, conceito apresentado por Cecília Almeida Salles (2003, p. 100) com o significado de "expansão de embriões". Consigna Salles que uma obra "guarda um potencial de possibilidades de serem exploradas ao longo do tempo". Segundo a mesma autora, as transformações ocorrem "por meio de ressignificações e deformações de formas apreendidas" (1998), portanto, encontramos "a unicidade de cada obra e a singularidade de cada artista na natureza das combinações e no modo como estas estão concretizadas".

Constatamos, ainda, no processo de transformação ocorrida no plano metalinguístico da poesia braguiana dois modos de ser da metalinguagem, os quais denominamos *metalinguagem de expressão* e *metalinguagem de construção*. Por metalinguagem de expressão entendemos o modo de ser metalinguístico relacionado com a reflexão crítica instaurada na esfera temática, do conteúdo, do processo de significação e, consequentemente, do sentido. Por metalinguagem de construção entendemos o modo de ser da metalinguagem voltado à esfera formal e material do poema, isto é, relacionado com a própria composição/decomposição, montagem/desmontagem do poema, em que se valoriza especialmente a sua estrutura orgânica e os elementos sígnicos, num sistema de articulações e correlações.

Com base na análise de vinte poemas de Edgard Braga, tomados de distintos momentos de sua produção, podemos confirmar plenamente as hipóteses apresentadas, e as diferenças entre os procedimentos identificados. Podemos afirmar que a *transmutação metalinguística* ocorre sob a forma de um *deslocamento*. Em outras palavras, a metalinguagem se *desloca* do conteúdo do texto poético (expressão) para a estrutura formal do mesmo

CONCLUSÕES 181

(construção). Embora, muitas vezes, ainda permaneça na esfera semântica, a metalinguagem de construção passa a alcançar também a esfera sintática e a camada estrutural (fônica, gráfica, visual) da obra. O resultado deste movimento é altamente enriquecedor, pois sugere a plena realização do *isomorfismo espaço-tempo* e do *isomorfismo fundo-forma*, que haviam sido preconizados desde os primeiros manifestos da poesia concreta.

Destarte, a pesquisa também ensejou o reconhecimento de uma tendência de manifestação da metalinguagem: o contínuo aumento do uso dos procedimentos da *metalinguagem de construção* em detrimento da *metalinguagem de expressão*. O uso cada vez mais raro até o total abandono da sintaxe lógica, discursiva, tradicional, enseja o contínuo desuso da *metalinguagem de expressão*. O poeta deixa de falar sobre o ato poético, sobre a criação poética e passa a experenciar organicamente em sua poesia, na estrutura de cada poema, os aspectos envolvidos na construção poética.

A metalinguagem, portanto, passa a ser também construída, erigida pelos elementos materiais, formais e estéticos selecionados pelo poeta no processo de criação. Nestes elementos se aloja a metalinguagem transmutada. Nas instâncias da construção, situa-se em lugar de destaque o *gesto criador*, que se apresenta como matriz do permanente esboçar poético de Braga. Gesto presente nos poemas caligrafados. Gesto visível nos poemas tatuados ou tatoemas. Gesto criador, retrato da gênese, gesto pioneiro de um poeta cujo legado se pode reconhecer nas manifestações da mais inventiva produção poética da contemporaneidade.

Na estratégia estética de Braga, a transformação do processo de escritura é o caminho da condensação e do adensamento da linguagem, que, incorporando o gesto ao poema, capta o *nascimento da poesia*, vislumbrando a palavra poética no instante mesmo em que ela se constrói. Em suas transmutações incessantes, a poesia de Edgard Braga dirige-se do verbo para a imagem pura, encaminha-se para a poeticidade pura, fazendo desta trajetória sua singularidade. Desnuda o processo do fazer poético e resgata a essencialidade desse fazer, tendo como um dos principais instrumentos de busca a função metalinguística, desdobrada em *metaliguagem de expressão* e em *metalinguagem de construção*.

Memória Iconográfica

- Capas de livros de Edgard Braga e trabalhos seus

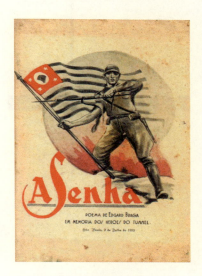

A Senha: Poema Épico em Memória dos Heróis do Tunnel. São Paulo, Impressora Comercial, 1935.

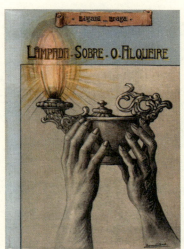

Lâmpada sobre o Alqueire. São Paulo, Martins, 1945.

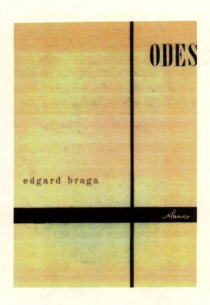

Odes. São Paulo, Alarico, 1951.

Albergue do Vento. São Paulo, João Bentivegna, 1952.

Inútil Acordar. São Paulo, Martins, 1953 (capa de Aldemir Martins).

Lunário do Café. São Paulo, João Bentivegna, 1954.

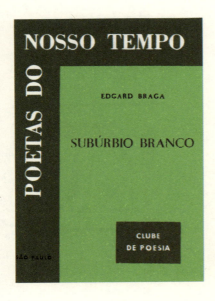

Subúrbio Branco. São Paulo, Clube da Poesia, 1959.

Autorretrato

MEMÓRIA ICONOGRÁFICA

Extralunário. Poemas Incomptos. São Paulo, Martins, 1960.

Soma. São Paulo, Invenção, 1963 (Posfácio de Haroldo de Campos).

Algo. São Paulo, Invenção, 1971 (Prefácio de Augusto de Campos).

MEMÓRIA ICONOGRÁFICA

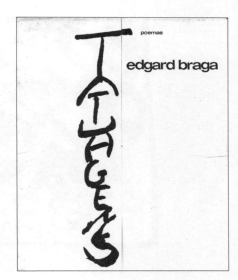

Tatuagens. Tatoemas.
São Paulo, Invenção,
1976 (Livro-caixa com 16
pranchas-poemas).

Murograma. São Paulo,
Nomuque Ed., 1982.

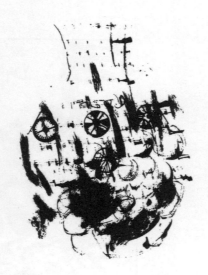

Tatoemas das páginas internas de *Murograma*.

MEMÓRIA ICONOGRÁFICA 191

Tatoemas das páginas internas de *Murograma*.

Infância (Pôster do Kuko), São Paulo, 1983.

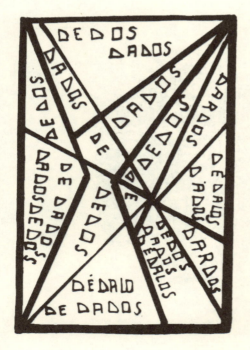

Dedos Dados (Avulsos 1963-1970).

MEMÓRIA ICONOGRÁFICA 193

Desbragada. Antologia poética. Organização de Régis Bonvicino. São Paulo, Max Limonad, 1984.

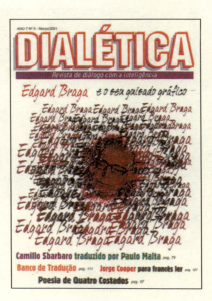

Dialética – Revista de Diálogo com a inteligência (número dedicado ao centenário de nascimento de Edgard Braga) – Ano 7, n. 5, Maceió, Sesc de Alagoas, março 2001.

Em pé, da esquerda para a direita: *Nelson Braga*, *"Tio" Goulart* e o patriarca semiótico *Edgard Braga*, no calor da juventude. Embaixo, sentadas: *Omena Goulart*, esposa do "Tio" Goulart, *Maria Teresa Goulart*, avó materna de Edgard Braga e *Maria Leopoldina Goulart Braga*, mãe de Edgard Braga.

Edgard Braga em sua biblioteca da rua Piauí, no bairro de Higienópolis. (Foto de Norval Baitello Jr.)

MEMÓRIA ICONOGRÁFICA 195

Dedicatória de E. Braga para Beatriz Amaral

Vai Além, de Edgard Braga.

Cidade Cega, de Edgard Braga

• Edgard Braga – Cem anos

Com apoio da Sectretaria Municipal de Cultura da Prefeitura de São Paulo, coordenação de Beatriz Amaral e Curadoria de João Spinelli, comemoraram-se os Cem anos de nascimento de Edgard Braga: na semana de 6 a 13 de outubro de 1997, no Auditório da Biblioteca Mário de Andrade fez-se uma exposição iconográfica de trabalhos do poeta e palestraram sobre ele e sua obra os irmãos Augusto e Haroldo de Campos, Arnaldo Antunes, Walter Silveira e Omar Khouri, com participação também de Lenora de Barros e Tadeu Jungle. As fotos desse evento a seguir reproduzidas são de Roberto Vilela.

Walter Silveira, Augusto de Campos, Beatriz Amaral e Arnaldo Antunes.

Haroldo de Campos

Lenora de Barros, Omar Khouri, Beatriz Amaral e Haroldo de Campos

198 A TRANSMUTAÇÃO METALINGUÍSTICA...

Walter
Silveira e
Augusto de
Campos

Walter
Silveira e
Augusto de
Campos

Lenora
de Barros
e Omar
Khouri

MEMÓRIA ICONOGRÁFICA 199

Arnaldo Antunes

Arnaldo
Antunes
e Beatriz
Amaral

Walter
Silveira

Tadeu Jungle

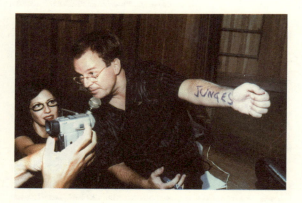

Tadeu Jungle e Lenora de Barros

Tadeu Jungle e Lenora de Barros

Anexos

1. TATUAGENS – COMPOSIÇÕES DE SÍLVIO FERRAZ COM BASE EM POEMAS DE EDGARD BRAGA: UMA TRANSDUÇÃO

Em texto intitulado *"Tatuagens* – Relembrando Edgard Braga" –, inserido no livro *Notas – Atos – Gestos*[1], por ele mesmo organizado, o compositor Sílvio Ferraz relata sua revisita a uma série de obras realizadas nos anos 1979 e 1980, peças curtas baseadas em tatoemas de Edgard Braga, dos livros *Algo* e *Tatuagens*. Em seu relato, Ferraz percorre a gênese das composições e apresenta partituras, traz detalhes do processo de criação, comentando que a visita ao material, inclusive os rascunhos, representa, na verdade, uma viagem a "um lugar que ainda

---

1. Sílvio Ferraz (org.), "Tatuagens", *Notas – Atos – Gestos – Relatos Composicionais de Marisa Rezende, Sílvio Ferraz, Denise Garcia, Fernando Iazetta, Marcos Lacerda, Rodolfo César e Rogério Costa*. Rio de Janeiro, 7 Letras, 2007.

202 A TRANSMUTAÇÃO METALINGUÍSTICA...

estava por vir, uma espécie de reservatório onde as formas ainda não estavam definidas". Neste *locus*, o músico vislumbrou ideias interessantes nascidas em seu período de formação, cuja tônica era a "precariedade", traço apontado por alguns estudiosos como manifestamente visível na poesia braguiana.

Sílvio Ferraz conta que a primeira obra de Edgard Braga que conheceu foi *Algo*, por meio do compositor e regente Marco Antonio Silva Ramos, que, em 1978, lhe propôs realizar trabalho junto ao coral do Museu Lasar Segall. Sobre os tatoemas do livro *Algo*, foram criadas peças nas quais o músico optou por deixar de lado alguns eixos tradicionais da composição, como as estruturas rítmicas estriadas e jogos melódicos.

Reconhece o autor que, inobstante a chave léxica anunciada por Braga, o grande estímulo presente em *Algo* consiste na singularidade de os poemas não se deixarem ler sem que caiba ao leitor construir sua imagem. Pensados de modo encadeado, os tatoemas adquirem um sentido, porém, mesmo este se mostra "difuso, um contrassenso, um di-senso", em que os elementos caminham sempre em mais de um sentido. A polissemia apontada por Ferraz, associada à "textura visual diferente", com um lado em positivo (com predominância do branco) e outro em negativo (predominância do preto), como já apontado na análise dos poemas, a presença das "silhuetas" e formas evanescentes conduziu o compositor pesquisador "à descoberta dos jogos de textura, da composição de texturas". Lembra o músico que, neste processo de experimentação e descoberta, foram desenhadas "as nove texturas que compõem a peça *Algo sobre Algo,* para coro a quatro vozes e percussão mista", de 1979, e cuja estreia ocorreu no mesmo ano.

Extremamente sugestivo o fato de ter o compositor, em sua primeira tentativa de escrever a peça, tentado trazer à luz os significados difusos da poesia visual de Braga, para que, depois, no curso do processo de trabalho, tudo tomasse outro rumo. E o recomeço consistiu na busca de "relações possíveis com a música". Neste ponto, eis como Ferraz relata seu procedimento:

E a textura surgiu então como um caminho para se pensar a relação não mais entre o texto e a música, mas entre imagem visual e sonoridade, uma espé-

ANEXOS   203

cie de transdução na conversão de uma sensação tátil-visual em sua sinestesia sonora. A tatilidade do som em contraponto à sonoridade da imagem proposta por Braga (*op. cit.*, p. 94).

Foram empregados os seguintes recursos: jogos de retrogradação para cada componente dos blocos, maior ou menor definição das linhas de cada voz, com o uso de *staccatos* ou grandes *legatos*, contrastes de dinâmica, densidade, tessitura, intervalo entre as vozes. No que se refere à parte da percussão, posteriormente acrescentada, havia uma "grande nuvem de sons percussivos" que se adensavam ao longo da peça.

Em *Algo*, destaca o músico a ênfase dada à composição textural, à modulação individual, à simplicidade da relação imagem-som e à ideia de um percurso sonoro. A sonoridade obtida decorre do amálgama de "pedaços de sons – poeiras sonoras: um pequeno pacote de notas reiteradas como se compondo uma faixa em torno da qual o som se transforma".

Concluídas essas composições, o músico visitou o poeta, que o presenteou com as obras *Tatuagens* e *Soma*. Ferraz vislumbrou no livro-caixa *Tatuagens* (composto por fotografias de poemas-objeto, e outros realizados com carimbo ou poemas-desenhos) diversas imagens ensejando a composição de uma série de movimentos sonoros – movimentos que deveriam captar a brevidade de um rápido olhar para cada página-poema. A partir desta constatação, Ferraz criou uma série de peças breves, estruturadas a partir de "movimentos-sonoridade". A primeira destas composições data de outubro de 1979, que tem como base o poema "Uivoo" (vide p. 163), foi escrita para duas cantoras, e apresenta a repetição de uma melodia rápida e uma melodia lenta. Há indicações para a posição das cantoras no palco, tudo de molde a sugerir uma linha, algo que "rasgasse o espaço sonoro", como o poema de Braga rasga o papel. Esclarece o compositor que, nesta peça, o âmbito vocal se restringe "ao intervalo de uma terça maior", sendo, contudo, solicitado às intérpretes uma livre variação timbrística.

Ferraz revisita, ainda, a última das composições finalizadas neste ciclo, *Toada*, concebida para coro a quatro vozes, a partir do poema "Limite do Olho Eu Poema" (vide p. 169), do livro *Tatuagens*, e que

Duas páginas do rascunho da partitura geral de *Toada*, composição de Sílvio Ferraz com base no poema "Limite do Olho", de Edgard Braga.
(Fonte: *Notas – Atos – Gestos*, pp. 106-107).

ANEXOS

consistente em um diálogo com a ideia de foco e fase, explorando a alternância entre "foco e fora de foco" e "fase e fora de fase". O músico esclarece que, neste trabalho, o próprio poema veio a sugerir um modo de tratamento composicional. Sua intenção era realçar a noção de limite. Com precisão, escreve: "esgotar as possibilidades combinatórias de um certo número de notas; de um espaço frequencial".

Transcreve-se, a seguir, as palavras do compositor sobre o procedimento utilizado, mais clara para os familiarizados com partituras:

> Um intervalo de terça menor (ré-fá), uma nota repetida como uma espécie de centro modal (lá) que demarca pequenos ciclos; preenchimento do espaço da terça menor por sequência cromática e trilos; ampliação do intervalo para uma sexta menor (lá-fá); preenchimento do novo intervalo com uma sequência de notas em tons inteiros; novo intervalo, quarta (lá-ré); volta da sequência de tons inteiros, quebrando a direcionalidade mas retomando o ciclo direcional da forma de resumo, pois logo em seguida inicia-se um ciclo que conduz as notas abaixo da nota lá central (*op. cit.*, pp. 104-105).

Em seu relato, o músico conclui que diversos dos elementos presentes no ciclo de composições revisitado acabaram retornando à música que escreve atualmente, entre os quais enumera "o modo de cantar leigo, as microreiterações, os sons estatísticos, o espaço sonoro, a busca de um efeito contra a representação de um significado oculto, o fetiche dos rascunhos, a não polifonia contrapontística, os componentes espectrais, os modos de jogo instrumentais (a *extended-technique*). Composição textural, valorização das articulações (modo de jogo vocal-instrumental), contínuo das transformações sonoras, linha contínua ou massa contínua revelando um processo de transformação ao invés de um discurso feito de fragmentos justapostos ou de um discurso dramático, referência à música ritual que pede se mantenha um contínuo".

Esta outra maneira de pensar a música traz em seu núcleo a ideia do fluxo sonoro contínuo, o que, evidentemente, dialoga em plenitude com os postulados da poesia praticada no Brasil a partir do final dos anos 1950, com o Manifesto da Poesia Concreta, entre os quais o nominalismo e a abolição do verso.

ANEXOS 207

Relevante assinalar que, ao compor as peças mencionadas, com base em poemas visuais de Edgard Braga, em 1979 e 1980, estava Sílvio Ferraz especialmente interessado, como afirma, em uma música mais ligada ao pensamento das artes visuais do que da própria tradição musical, a tal ponto que, em alguns momentos, instaura um jogo de foco peculiar e verdadeiramente intersemiótico, que chama, de "foco auditivo: o ouvido como olho".

2. BIOGRAFIA DE EDGARD BRAGA

Edgard Pimentel Braga nasceu no final do século XIX, em 10 de outubro de 1897, às 8:30 horas, na casa situada na Rua Royal, na cidade de Maceió, Estado de Alagoas, filho de Ilídio Ferreira da Silva Braga e de Leopoldina Pimentel Braga. A família materna – Goulart Pimentel – era procedente de outro município alagoano, Matriz de Camaragibe, e se destacava intelectualmente na região. Onze anos antes do nascimento de Edgard, alguns de seus familiares haviam sido fundadores do Clube Fênix Alagoana, o mais antigo, tradicional e importante clube local, frequentado pela classe social mais elevada, e até hoje em pleno funcionamento. O pai de Edgard, Ilídio, nascera em Portugal, na cidade de Braga. Professor secundário e telegrafista, mantinha posições políticas liberais e apreciava a literatura, tendo especial afinidade com a poesia de Castro Alves, sobretudo por seu teor abolicionista. Desde muito cedo, Edgard Braga interessou-se pela literatura, instigado pelo pai, que, além de constantemente lhe recomendar leituras, preocupava-se em especial com o perfeito domínio das regras gramaticais e estilísticas. Ilídio incentivava os dois filhos, Edgard e Nélson, a penetrar no mundo literário, e frequentemente os exortava a identificarem erros inseridos nas matérias jornalísticas, prometendo-lhes prêmios pelo resultado do trabalho. Digna de registro, ainda, a existência de primos igualmente interessados na arte poética, sendo que alguns publicavam sonetos nos jornais alagoanos, e um deles, Lineu de Andrade, primo-irmão de Edgard, por parte de sua mãe, Leopoldina, pertencia à Academia Brasileira de Letras. A avó materna também gostava de escrever poemas. Havia, portanto, no contexto familiar, um quadro amplamente favorável ao aprendizado e ao desenvolvimento das artes literárias e culturais, o que propiciaria a Braga educar e lapidar sua natural sensibilidade estética.

Além das aulas recebidas em casa, de sua avó, os estudos iniciais de Edgard Braga foram feitos no ginásio do Estado e aos onze anos, ele já atuava como um dos redatores de *O Progresso,* órgão quinzenal de literatura e de noticiário geral. Seis anos depois desta primeira experiência em literatura e jornalismo, concluía os estudos secundários, recebendo, em 1914, o título de bacharel em Ciências e Letras. Logo em seguida, os pais o mandaram o Colégio Alemão, no Rio de Janeiro. Nesse colégio estudaria interno por um ano, 1915, até ingressar na Faculdade de Medicina da Universidade de São Paulo. Nesta época, um tio materno de Braga, Joaquim Goulart Pimentel, já residia na capital paulista, onde comercializava açúcar, adquirindo-o na terra natal, Maceió, e vendendo-o na capital paulista, especialmente para as indústrias Matarazzo. Nessa fase, a economia do Estado de Alagoas girava em torno da produção do açúcar, que era exportado para os demais Estados brasileiros e também para o exterior.

Edgard Braga foi convidado a morar em companhia de seu tio Joaquim e da esposa deste. O comércio de Joaquim prosperava e a questão financeira continuava a não ser problema para Edgard, que iniciou em 1916 seu curso de Medicina. Já nos primeiros tempos do curso superior, Braga começou a destacar-se, recebendo distinção todos os anos. Havia intensa atividade artística e cultural na Faculdade de Medicina, a exemplo do que ocorria na Faculdade de Direito (Largo São Francisco) e, no grupo de Braga, estava Cassiano Ricardo. Quando cursava o terceiro ano da Faculdade, esta veio a ter suas atividades interrompidas, devido a perda de fiscalização.

Sem ter parentes no Rio de Janeiro, com a transferência para aquela cidade, Braga passou a morar em pensão. Trabalhava como revisor do jornal *O País,* o que demonstra seu pleno domínio da língua portuguesa, para o qual certamente contribuíram os exercícios propostos pelo pai. Também nesta época começaria a escrever crônicas para a revista *A Careta.* É importante frisar que nem a mudança de cidade nem a transferência para a Faculdade do Rio de Janeiro, nem mesmo o fato de haver começado a trabalhar provocaram qualquer esmorecimento do jovem Braga com relação aos estudos. Nem mesmo o forte abalo provocado pela perda do pai, que considerava seu mentor intelectual, e ocorrido enquanto Edgard cursava o terceiro ano de Medicina, o desviou da obstinada concentração nos estudos. Continuaria ele, até o sétimo e último ano do curso, a receber o prêmio de distinção. Entre 1919 e 1922, Edgard foi aluno interno e graduou-se médico obstetra em 1922, tendo sido o orador de sua turma. O coroamento de seus esforços e reconhecimento do indiscutível talento para a medicina viria, no ano de formatura, em que Edgard Braga teve sua tese premiada (Prêmio Visconde Saboya).

Durante o período de seus estudos superiores, Braga aproximou-se de vários intelectuais que iniciavam suas trajetórias no cenário cultural brasileiro. Entre 1917 e 1918, ainda em São Paulo, nos primeiros anos do curso, conheceu Oswald de Andrade, Di Cavalcanti, Menotti Del Picchia, Paulo Setúbal, entre outros. Com familiares e amigos em São Paulo, mesmo depois da ida para a Faculdade de Medicina do Rio de Janeiro, Braga continuaria a frequentar a capital paulista, nela passando todas as suas férias.

Braga contava, em entrevistas, que chegara a escrever um poema especialmente para a Semana de 22, intitulado "Lâmpada sobre o Alqueire", mas Oswald não se entusiasmou. O poema viria a dar nome ao segundo livro de Braga, editado em 1946 (o poeta estreara em 1933 com o livro *A Senha*, um poema épico) e era inspirado em uma citação bíblica, contida no evangelho de São Mateus ("Ninguém esconda sua lâmpada atrás do alqueire, mas ponha-a em cima do alqueire, para que ela ilumine a sua casa").

Durante a Semana de Arte Moderna, em São Paulo, Edgard Braga permaneceu no Rio de Janeiro, na Faculdade, cursando o último ano de Medicina e elaborando a tese de formatura, na área de obstetrícia, a qual seria denominada *Considerações em Torno de um Caso de Ciclohidrocefalia*. Receberia um prêmio pelo trabalho. Sobre a tese e o prêmio, diria: "[...] concorri com vários colegas e ganhei esse prêmio. Ganhei medalha de ouro maciço e uma certa importância em dinheiro. Eu fiquei com a medalha e pedi que o dinheiro fosse doado à Santa Casa [...]".

Depois de se formar, Braga retornaria à sua cidade natal, Maceió, para ir buscar sua mãe e sua avó e, com elas fixar residência em São Paulo. Àquela altura, também Nélson Braga, seu irmão, já se transferira para a capital paulista e, a exemplo do tio Joaquim, também negociava com açúcar. O comércio de Nélson e de Joaquim prosperava e a questão financeira continuava a não constituir qualquer problema para Edgard, que, recém-formado, ganharia de presente do tio um gabinete montado na Rua Líbero Badaró, onde iniciaria o exercício de sua profissão, clinicando de 1923 a 1927. Neste período, ocorreu o primeiro casamento de Braga. Conhecera Elvira Loureiro no Rio de Janeiro, enquanto ainda era estudante de Medicina, e com ela se casou, logo depois de formado. O matrimônio duraria até 1950, quando Braga viria a enviuvar. Elvira era de abastada família carioca e seria a mãe de seu único filho, Edgard Braga Filho, nascido em 19 de julho de 1927 e que também se tornaria médico. Bom gestor, Braga expandiu os já consideráveis recursos materiais de Elvira.

Após viagem de núpcias pela Europa, o casal estabeleceu domicílio na cidade de Hamburgo, na Alemanha. Ali, Braga especializou-se em obstetrícia, por um ano, permanecendo na Europa por mais três anos, aproximadamente, em estudos de pós-graduação, também em ginecologia e puericultura, desenvolvidos nas principais clínicas europeias e com os mais conceituados especialistas da época.

O retorno a São Paulo marcaria o princípio do exercício de uma profícua e bem-sucedida carreira científica, pontuada por pesquisas e ideais que frutificariam e trariam consequências na concepção de saúde pública. No dia 15 de julho de 1927, Edgard Braga assumiu o cargo de médico extraquadros da Inspetoria de Educação Sanitária e Centros de Saúde da Secretaria da Saúde Pública do Estado de São Paulo. Paralelamente ao exercício da nova função, começaria a produzir muitos trabalhos sobre medicina e saúde pública.

Atuante, o médico obstetra não apenas atua cientificamente como também divulga o resultado de suas pesquisas e projetos, ministrando conferências, cursos e palestras, participando intensamente de congressos com teses inovadoras e publicando com razoável regularidade artigos em jornais diários e em revistas especializadas. Neste período, Edgard Braga viria a publicar dois livros médicos, não deixando, contudo, de produzir poesia.

Mesmo entre os inúmeros afazeres concernentes à sua profissão, o cargo público e as atividades docentes, Braga não cessara a produção poética, tendo publicado em 1924, na revista *Vida Moderna*, o poema

ANEXOS

"Os Loucos", e, em 1925, tendo outros textos poéticos inseridos na revista *Fon Fon*, da qual colaboravam com assiduidade Menotti Del Picchia e Guilherme de Almeida.

Em 1932, quando completou dez anos de formatura, foi novamente o orador da turma e seu discurso, "Oração aos Médicos" – contendo epígrafe extraída da célebre "Oração aos Moços", de Rui Barbosa –, foi publicado em 1933, pela Impressora Paulista. Também em 1932, ele também escreveu o poema épico "A Senha", que enfoca o engajamento na Revolução Constitucionalista. A participação de Braga no corpo médico da Cruz Verde no Grupo de Assistência de Socorros aos Soldados o moveu a escrever sobre o tema. Esse livro de estreia poética foi editado em 1935 pela Impressora Paulista. Seguia, ainda, o estilo tradicional continha ilustrações do cartunista Belmonte e esgotou-se rapidamente nas livrarias.

Ao tomar posse como membro da Academia Nacional de Medicina, em 23 de maio de 1941, na cidade do Rio de Janeiro, Braga foi saudado por Cláudio Goulart de Andrade. Os discursos de ambos foram reunidos em publicação intitulada *A Cultura e o Idealismo na Sociedade Moderna,* uma edição de Elviro Pocai. Ampliava-se, naquele período, o reconhecimento de seus pares à importância de sua atuação nas áreas de saúde e da medicina. Com o trabalho denominado "A Higiene Pré--natal e os Problemas Médicos Sociais", Braga elegeu-se sócio titular da Sociedade de Medicina e Cirurgia de São Paulo, sendo o texto integral inserido no volume 34 (n. 7, 1940), do boletim da mesma entidade.

No mesmo ano de sua última publicação relativa a matéria da área médica – a conferência "Caminhos da Cirurgia" – 1951, é editado seu terceiro livro de poemas, *Odes* (São Paulo, Alarico). A este seguem-se as coletâneas *Albergue do Vento*, de 1952 (São Paulo, João Bentivegna), *Inútil Acordar*, de 1953 (editado por Martins Editora e com capa do artista plástico Aldemir Martins), *Lunário do Café*, de 1954 (João Bentivegna Editora, com ilustrações de Di Cavalcanti), *Subúrbio Branco*, de 1959 (edição do Clube da Poesia, integrando a coleção "Poetas do Nosso Tempo", com prefácio de Cassiano Ricardo). Destarte, observe-se que Braga publicou cinco livros de poesia na década de cinquenta. Formado havia quase quatro décadas, com seu trabalho médico reconhecido, passava a dedicar-se cada vez mais à literatura. Ficara viúvo em 1950 e passara alguns meses em Alagoas, em férias e licença-prêmio da Secretaria de

Estado da Saúde. Anos depois viria a se casar pela segunda vez, desta vez com a paulista Ana Maria Barreto, educadora sanitária, formada pela Faculdade de Higiene, que ele conhecera na Secretaria da Saúde. Era o segundo matrimônio de ambos e perduraria por toda a vida de Braga.

A partir do livro *Subúrbio Branco* (1959), a poesia braguiana submete-se a um processo de crescente experimentação, que culminaria, na década seguinte, com a publicação de duas obras de contenção verbal e experiências radicais nos planos sonoro e visual, *Extralunário* (Martins Editora, 1960, posfácio de Cassiano Ricardo) e *Soma* (Edições Invenção, 1963, posfácio de Haroldo de Campos). *Soma* é considerada pela crítica a primeira obra de Braga com características explicitamente concretistas. É preciso registrar, porém, que, ainda em 1961, isto é, entre a publicação desses dois livros *Extralunário* e *Soma*, Edgard Braga fez publicar, em edição mimeografada – fora do comércio – *A Corrente* (único poema em 20 partes) – no qual a epígrafe é extraída de "A Girl", de Ezra Pound: "The sap has ascended my arms".

Nas décadas seguintes, de setenta e oitenta, a produção poética de Braga tomaria rumos altamente diferenciados de toda a produção que lhe era contemporânea, no Brasil. Radicalizando seu processo de invenção, encontraria na poesia visual e caligráfica uma forma de expressão peculiar, criando os "tatoemas". São desse período os livros *Algo* (Edições Invenção), de 1971, com posfácio de Augusto de Campos, *Tatuagens* (*Tatoemas*), de 1976 (livro-caixa com dezesseis pranchas), *Murograma* (pôster, Edições Nomuque), de 1982 (seis tatoemas coloridos), *Infância* (pôster do Kuko), de 1983. Em 1984, foi publicada a antologia *Desbragada* (Max Limonad Editora), organizada por Régis Bonvicino e a obra poética reunida de Braga, a partir do livro *Soma*, de 1963, acompanhada de textos críticos de Haroldo de Campos, Décio Pignatari, Júlio Bressane, Augusto de Campos, Duda Machado, Lygia de Azeredo Campos, Julio Plaza, Carlos Ávila, J. J. Moraes e Paulo Leminski, bem como de algumas das mais célebres traduções de seus poemas para o inglês, realizadas pelo poeta e tradutor escocês Edwin Morgan, considerado um dos maiores tradutores de seu tempo. As traduções de Braga efetuadas por Morgan fazem parte do livro *Rites of Passage-Selected Translations*, editado por Carnet New Press, em 1976, que também inclui traduções de poemas de Maiakóvski, Pasternak,

ANEXOS 213

Brecht e Lorca. Neste mesmo 1984, um ano antes do desaparecimento de Edgard Braga, foi realizada em sua homenagem uma grande exposição no Centro Cultural São Paulo, com curadoria da poeta Lenora de Barros, contendo reproduções de suas obras.

Em 1997, a mesma Secretaria Municipal de Cultura de São Paulo fez celebrar, na Biblioteca Mário de Andrade, nos dias 6 e 13 de outubro, em comemoração ao centenário de nascimento do poeta e médico o ciclo "Edgard Braga: Cem Anos", coordenado pela autora desta dissertação e composto de palestras, depoimentos, leituras performáticas, exposição de fotografias, textos, livros, poemas e trabalhos verbovisuais. Participaram do evento professores e críticos conhecedores de sua obra e poetas amigos, entre os quais Augusto de Campos, Haroldo de Campos, Omar Khouri, Arnaldo Antunes, Lenora de Barros, Tadeu Jungle e Walter Silveira. A curadoria da mostra esteve a cargo do professor e crítico de artes plásticas João Spinelli.

É importante salientar que, mesmo durante as décadas de vinte, trinta e quarenta, embora a produção poética de Braga ainda fosse escassa, seu interesse pelo fenômeno literário e pela produção poética de seus contemporâneos, bem como pelos temas da crítica e da filosofia, jamais sofreram interrupção. Braga publicou poemas, contos e outros textos nas revistas *Fon Fon, Careta, Vida Moderna* e *A Cigarra*, a mesma de que colaborava Oswald de Andrade. Também teve artigos publicados no jornal *O Estado de S. Paulo* e assinou, por mais de vinte anos, semanalmente, todos os sábados, na década de cinquenta, uma coluna no jornal *Diário de São Paulo*, denominada "Um Médico na Multidão".

A longa amizade com Oswald de Andrade, iniciada pouco antes da década de vinte permaneceria íntegra durante toda a vida do modernista, portanto, por mais de trinta anos. Todas as esposas de Oswald, exceto Tarsila do Amaral, foram clientes de Braga, inclusive a primeira delas, Daise, ainda normalista. Pagu (Patrícia Galvão) e Maria Antonieta D'Alkmin também foram atendidas por Braga, que realizou o parto de Rudá de Andrade (filho de Pagu e Oswald) e de Antonieta Marília e Paulo Marcos (filhos de Oswald e Maria Antonieta).

Registros desta amizade leal e constante encontram-se não apenas nas entrevistas de Braga como em relatos da própria Maria Antonieta D'Alkmin, publicados no livro *Maria Antonieta D'Alkmin e Oswald de*

Andrade: Marco Zero (correspondência entre Maria Antonieta e Oswald, organizada pela filha do casal, Marília de Andrade, em colaboração com o poeta, ensaísta e bibliófilo Ésio Macedo Ribeiro, e coeditada em 2003 pela Edusp, pela Imprensa Oficial e Oficina do Livro Rubens Borba de Moraes). Em relatos de Maria Antonieta D'Alkmin, Edgard Braga é sempre referido como grande amigo do casal, médico e fiel amigo da família, que frequentava o círculo mais íntimo e restrito dos Andrade. A Oswald, Braga dedicou, em vida, um retrato, e, dias após seu desaparecimento, em 1954, o poema denominado "Serenin à Janela Fechada de Oswald de Andrade", publicado no Suplemento Literário do jornal *O Tempo*, em 31 de outubro de 1954. Posteriormente, em 1960, dedicou seu livro *Extralunário* a Oswald de Andrade, "100% vivo". Ao escrever a dedicatória, Braga aludia ao nascimento da poesia concreta, que também se inspirara no espírito combativo de Oswald de Andrade. Em meados dos anos cinquenta, Braga conheceu as obras individuais dos três poetas que iriam criar o movimento da poesia concreta em São Paulo, Augusto de Campos, Haroldo de Campos e Décio Pignatari. Identificava já nestas obras símbolos e figuras que considerou "extraordinários". Como consigna Lygia de Azeredo Campos (*Desbragada*, 1984), Augusto e Haroldo haviam participado do concurso de poesia "Mário de Andrade", realizado no ano de 1954, do qual Edgard Braga fizera parte do júri, ao lado de Cassiano Ricardo, Fernando Góes, Joaquim Pinto Nazário, José Geraldo Vieira, João Acioli, Antônio Cândido e Osmar Pimentel. Desde este instante, Braga se encantara com a poesia de Augusto e de Haroldo e votara por sua premiação, embora tenha sido voto vencido.

O primeiro livro de Braga publicado sob a égide dessa influência é *Subúrbio Branco*, de 1959, em que ainda se mostra tênue o processo de experimentação, se comparado ao radicalismo da poesia concreta inicial e ao radicalismo da própria poesia braguiana que ainda estava por vir. Já em 1960, em *Extralunário*, as experiências se aprofundam, se intensificam, sendo o livro já reconhecido pelos críticos como de poesia concreta. A esta publicação se seguiria *Soma*, de 1963. Braga também revê trabalhos seus inseridos na revista *Invenção* (na edição de n. 4, de 1964, e na de n. 5, de 1966-67).

A impressionante disposição de Braga para o novo, considerando-se que, em 1967, completaria setenta anos de idade, não conhecia limites, e,

ANEXOS

ao final daquela década, até mesmo o rigor gráfico do movimento concreto seria por ele abandonado, dando lugar à sua poesia visual, caligráfica, às imagens tatuadas no papel, como "tatuagens", a que chamaria de "tatoemas". A esta nova fase pertenceriam as obras seguintes do poeta, *Algo, Tatuagens, Murograma* e *Infância*. E passou a contar com a colaboração especial de Augusto de Campos, Julio Plaza e Omar Khouri em projetos gráficos diferenciados e de grande inventividade. O uso de cor foi, aos poucos, também se incorporando à poética de Braga, sendo *Murograma* um livro de poemas inteiramente colorido. Muitos elementos de sua poética estão hoje presentes em obras de jovens poetas e artistas gráficos de várias gerações que se utilizam dos avançados recursos tecnológicos e eletrônicos contemporâneos. Muito antes, porém, das conquistas da era da informática que hoje consideramos corriqueiras, Braga, chamado, com justiça, de "patriarca semiótico", por Haroldo de Campos, já tecia em plena década de setenta, sua constelação sígnica, abolindo com audácia e ousadia todas as fronteiras existentes entre as artes plásticas e a poesia. Braga, o poeta nascido em 1897, um ano depois do linguista Roman Jakobson, cujos ensinamentos se incorporariam ao cerne do fazer poético contemporâneo, e no mesmo ano da publicação de "Um coup de dés jamais n'abolira le hasard", poema de Mallarmé considerado pelos criadores do concretismo como marco precursor de sua poética. Mesmo tendo se dedicado de corpo e alma à carreira de médico por mais de quatro décadas, Braga jamais deixou de tecer, fio a fio, a tessitura de uma poesia singular no panorama da literatura brasileira, de transmutações surpreendentes, em seu gesto libertário que nenhum óbice iria deter. A Braga dedicou Haroldo de Campos (1998), o poema "Desbragada", retrato verbal deste genial poeta:

o velho Braga
agitava suas mãos cirúrgicas
táctilocaligramático

um polvo de retorcidas ventosas
de porcelana
se enroscava no pé
de sua sólida sédia de jacarandá:

queria prendê-lo
fixá-lo
inamovível
aos tacos encerados da sala

ele – testardo – acendia
pela vigésima vez o cachimbo
oloroso fornilho de negrumes
faiscando entre fruteiras
como um olho polifêmico

(recordava o conselho de oswald
e o feto em forma de cíclope
monstruosa catacrese barroca
que o levara à faculdade de medicina
antes do que à semana de 22)
um coro de querubs ginecológicos
celebra em uníssono
a perícia de seus dedos oficiantes
que recusavam altivos
o solerte recurso das cesáreas:
a arte está acima do fácil
não corta o nó górdio – desata-o

assim o velho Braga:
ética-estética
ia povoando o mundo de infantes e infantas
fiel ao juramento de Hipócrates

assim conjurava a poesia:
uivoo primal
emitido em plena sala de jantar
entre vasos kitsch e persianas semicegas
enquanto ele acordava de rolar brancura

Tatuagem

Bibliografia

BIBLIOGRAFIA DE EDGARD BRAGA

BRAGA, Edgard. *Oração aos Médicos; Comemorativa do Primeiro Decênio de Formatura*. Rio de Janeiro, 11 de dezembro de 1932. São Paulo, Impressora, 1933.

_____. *A Senha: Poema Épico em Memória dos Heróis do Tunnel*. São Paulo, Impressora Comercial, 1935.

_____."Homens de Spranger". Separata de *Publicações Médicas*. São Paulo, 4 (6) jan. 1936.

_____.*O Homem Errado*. São Paulo, Record, 1936.

_____.*O Sexto Sentido da Medicina*. São Paulo, Freitas Bastos, 1939 (Prefácio de Almeida Prado). 2ª ed., São Paulo, Freitas Bastos, 1940.

_____."*A Cultura e o Idealismo do Médico na Sociedade Moderna*": *Discursos Pronunciados pelos Doutores Cláudio Goulart e Edgard Braga, na Sessão Solene de Posse na Academia Nacional de Medicina, em 23 de maio de 1941*, São Paulo, Elvino Pocai, 1942.

_____. *Lâmpada sobre o Alqueire*. Poemas, São Paulo, Martins, 1945.

BIBLIOGRAFIA   219

_____. *Odes*. Poemas. São Paulo, Alarico, 1951.

_____. *Albergue do Vento*. São Paulo, João Bentivegna, 1952.

_____. *Inútil Acordar*. Poemas. São Paulo, Martins, 1953 (capa de Aldemir Martins).

_____. *Lunário do Café*. Poemas. São Paulo, João Bentivegna, 1954 (ilustrações de Di Cavalcanti).

_____. *Subúrbio Branco*. Poemas. São Paulo, Clube da Poesia, 1959 (prefácio de Cassiano Ricardo).

_____. *Extralunário*. Poemas incomptos. São Paulo, Martins, 1960.

_____. *A Corrente*. Poemas. São Paulo, 1961 (edição mimeografada, fora do comércio).

_____. *Soma*. Poemas. São Paulo, Invenção, 1963 (posfácio de Haroldo de Campos).

_____. *Algo*. São Paulo, Invenção, 1971 (prefácio de Augusto de Campos).

_____. *Tatuagens*. Tatoemas. São Paulo, Invenção (livro-caixa com 16 pranchas-poemas).

_____. *Murograma* (pôsters). São Paulo, Nomuque, 1982.

_____. *Infância* (pôster do Kuko). São Paulo, 1983.

_____. *Desbragada*. Antologia Poética. Organização de Régis Bonvicino. São Paulo, Max Limonad, 1984.

Periódicos

"Três Poemas de Edgard Braga". *Invenção – Revista de Arte de Vanguarda*, n. 3 – Ano 2, São Paulo, junho 1963, p. 58.

BRAGA, Edgard. "Máquina de Brincar com Poesia. Um Quê à Procura de um Porquê". *Convivium – Revista de Investigação e Cultura*, Ano IV, n. 5-6, vol. 7, julho-agosto-setembro, São Paulo, 1965.

_____. Poema. "Quincas Borba". *Literatura e Arte*, n. 1, Ano I, São Paulo, outubro 1953.

Jornais

_____. "Carteira de Identidade". Autoentrevista ao jornal *O Estado de S. Paulo*, São Paulo, 6 novembro 1949.

220 A TRANSMUTAÇÃO METALINGUÍSTICA...

Outros Documentos Impressos

POESIA CONCRETA BRASILIANA. Cartaz da exposição com opere di Haroldo de Campos, Augusto de Campos, Décio Pignatari, José Lino Grunewald, Wladimir Dias Pino, Pedro Xisto e Edgard Braga. L'Instituto Brasile-Italia in collaborazione com il Consolato Generale Del Brasile a Milano, aprile, 1999.

Documentos sonoros e visuais (áudio, vídeo e DVD)

Áudio

Depoimentos, palestras, conferências integrantes do evento "EDGARD BRAGA: CEM ANOS", coordenado por Beatriz Amaral, promovido pela Secretaria Municipal de Cultura de São Paulo, realizado em 6 e 13 de outubro de 1997, com a participação de Augusto de Campos, Haroldo de Campos, Walter Silveira, Omar Khouri, Arnaldo Antunes, Lenora de Barros e Tadeu Jungle.

Vídeo

JUNGLE, Tadeu e SILVEIRA, Walter. *8 e/ou 80*. Vídeo-documentário sobre Edgard Braga, São Paulo, 1984.

DVD

TUDO É BRASIL – *Poema SER/VER, EDGARD BRAGA*. DVD com as obras da exposição homônima, Instituto Cultural Itaú – Núcleo de Audiovisual DVD, Rio de Janeiro, 2004.

Publicação eletrônica – Site

http://www.imediata.com/BVP/ BRAZILIAN VISUAL POETRY, Três poemas visuais de EDGARG BRAGA: Brasão do artista no tempo; Os caminhos do ontem; O médico e seus brinquedos.

BIBLIOGRAFIA SOBRE EDGARD BRAGA

AMARAL, Beatriz Helena Ramos. "Edgard Braga: Cem Anos (Braga-lume)". *O Escritor*. São Paulo, UBE, fevereiro 1998, p. 7.

_____. "As Trilhas de Edgard Braga". *O Escritor*, São Paulo, UBE, 1995, p. 4.

_____. "O Extralunário Edgard Braga". *Linguagem Viva*, Piracicaba, 1998, p. 10.

_____. "Braga-lume". *Dialética*. Ano 5, n. 5, julho de 2000, Maceió.

_____. "A Poesia de Edgard Braga e seu Eixo Metalinguístico". *Suplemento Literário de Minas Gerais*, Belo Horizonte, ed. 1307 – novembro/2007, p. 20, Secretaria de Estado de Cultura de Minas Gerais.

ANTUNES, Arnaldo. "Derme/Verme". *40 Escritos*. São Paulo, Iluminuras, 2000, pp. 65-69.

ÁVILA, Carlos. "Edgard Braga: 85 Anos". *Jornal da Tarde*, São Paulo, 12 fevereiro 1977.

BONVICINO, Régis (org.). *Desbragada*. São Paulo, Max Limonad, 1984.

BOSI, Alfredo. *História Concisa da Literatura Brasileira*. 2ª ed., São Paulo, Cultrix, 1978, 8ª reimpressão, p. 528.

BRESSANE, Júlio. "Edgard Braga: Macumba Futurista?" *Desbragada*, São Paulo, Max Limonad, 1984.

CAMPOS, Augusto de. *Algo Sobre Algo*. São Paulo, Invenção, 1971.

CAMPOS, Haroldo de. "Soma Sensível" (posfácio a *Soma*). São Paulo, Invenção, 1963.

D'ELIA, Antônio. "De Poesia (Quase Concreta) e de Ficção (Quase Tradicionalista)". *Extralunário. Livros de 30 Dias*. São Paulo, Anhembi, 1960.

FERRAZ, Silvio. "Tatuagens – Relembrando Edgard Braga". In FERRAZ, Silvio. *Notas. Atos. Gestos*. Rio de Janeiro, 7 Letras, 2007.

FONTANEZI, Sônia. *Teia Digital de Edgard Braga*. Publicação cultural da Divisão de Pesquisa do Centro Cultural São Paulo.

GALVÃO, Patrícia. "Um Poeta Grego na Pauliceia, em Paralelo com Outras Odes". *Fanfulla*, São Paulo, 18 setembro 1951 (incluído na Antologia *Desbragada*).

JACOBBI, Ruggero. *A Poesia de Edgard Braga*. São Paulo, Clube de Poesia, 1952.

LEMINSKI, Paulo. *O Octogenário que a Gente Quer Ser*. Curitiba, Pólo Inventiva, 1976.

222 A TRANSMUTAÇÃO METALINGUÍSTICA...

LIMA, José Aloísio Nunes de. "À Frente Edgard Braga". *Dialética*. Ano 5, n. 5, julho 2000, Maceió.

MACHADO, Duda. "Edgard Braga: O Voo Inaugural". *Desbragada*. São Paulo, Max Limonad, 1984.

PIGNATARI, Décio. "Edgard Allan Braga". *Desbragada*, São Paulo, Max Limonad, 1984.

PIMENTA, Alberto. *O Silêncio dos Poetas*. Capítulo 5: "Olhar e Ver". Lisboa, A Regra do Jogo, 1978.

PLAZA, Júlio. "Há Braga. Há Poesia". *Desbragada*. São Paulo, Max Limonad, 1984.

RICARDO, Cassiano (posfácio de *Extralunário*). São Paulo, Martins, 1960, pp. 121-129.

SANTAELLA, Maria Lúcia. "Um Poeta em Busca do Amanhecer da Linguagem". *O Estado de S. Paulo*, 13 novembro, 1982.

Periódicos, Jornais, Revistas

REVISTA *DIALÉTICA*. "Edgard Braga e o seu Guisado Gráfico". SESC. Editor Marcos de Farias Costa, Linear B. Apoio SESC/Alagoas, março de 2001.

SERVA, Leão. "A Poesia de Dois Modernistas Esquecidos". *Folha de S. Paulo*, 11 de julho, 1984.

SOARES, Ricardo. "Edgard Braga: o reconhecimento tardio de um poeta". *Jornal do Brasil*, novembro de 1984.

Teses e Dissertações

COELHO, Maria Cecília Simões de Oliveira. *Edgard Braga, o Jovem Velho Poeta das Metamorfoses: Análise da Gênese da Linguagem, Ruptura e União no Processo de Criação, uma Contribuição ao Estudo de Identidade*. São Paulo, PUC, 1998. Tese de Doutorado.

LIMA, José Aloísio Nunes de. *A Poesia Mutante de Edgard Braga*. São Paulo, PUC, 1990. Dissertação de Mestrado.

BIBLIOGRAFIA GERAL

AGRA, Lúcio. *História da Arte no Século XX: Ideias e Movimentos*. São Paulo. Editora Anhembi Morumbi, 2004.

BIBLIOGRAFIA

ALMEIDA, Lúcia Fabrini de Almeida. *Tempo e Otredad nos Ensaios de Octavio Paz.* São Paulo, Annablume, 1997.

ANDRADE, Marília de & RIBEIRO, Ésio Macedo. *Maria Antonieta D'Alkmin e Oswald de Andrade: Marco Zero.* São Paulo, Oficina Rubens Borba de Moraes, Imprensa Oficial e Edusp, 2003.

ÁVILA, Affonso. *O Visto e o Imaginado.* São Paulo, Edusp / Perspectiva / Secretaria do Estado da Cultura, 1990.

ÁVILA, Carlos. *Poesia Pensada.* Rio de Janeiro, 7 Letras, 2004.

ARAÚJO, Ricardo. *Poesia Visual. Vídeo Poesia.* São Paulo, Perspectiva, 1999.

BACHELARD, Gaston. *A Poética do Espaço.* Trad. Antonio de Pádua Danesi. 1ª ed. São Paulo, Martins Fontes, 1989, 6ª reimpressão, 2003.

BARBOSA, João Alexandre. *A Metáfora Crítica.* São Paulo, Perspectiva, 1974.

BARTHES, Roland. *Crítica e Verdade.* Trad. Leyla Perrone-Moisés. São Paulo, Perspectiva, 1970.

_____. *O Grau Zero da Escrita.* Trad. Mário Laranjeira. São Paulo, Martins Fontes, 2000.

_____. *O Prazer do Texto.* Trad. J. Guinsburg. São Paulo, Perspectiva, 1977.

_____. *Elementos de Semiologia.* Trad. Izidoro Blikstein. 15ª ed. São Paulo, Cultrix, 2003.

_____. *A Aventura Semiológica.* Trad. Mário Laranjeira. São Paulo, Martins Fontes, 2001.

BENSE, Max. *Pequena Estética.* Trad. J. Guinsburg e Ingrid Dormien Koudela. 3ª ed. São Paulo, Perspectiva, 2003.

_____. *Inteligência Brasileira – Uma Reflexão Cartesiana.* Trad. Tercio Redondo. São Paulo, Cosac Naify, 2009.

BOAVENTURA, Maria Eugênia. *Mário Faustino: O Homem e sua Hora.* São Paulo, Companhia das Letras, 2002.

BOSI, Alfredo. *História Concisa da Literatura Brasileira.* São Paulo, Cultrix, 1977.

_____. *O Ser e o Tempo da Poesia.* São Paulo, Cultrix – Edusp, 1977.

BOSI, Viviana; CAMPOS, Cláudia Arruda; HOSSNE, Andrea Saas & RABELLO, Ivone Daré. *O Poema: Leitores e Leituras.* SãoPaulo, Ateliê Editorial, 2001.

BRITO, João Batista B. de (org.). *Leitura do Texto Poético*. João Pessoa, Editora Universtária – Universidade Federal da Paraíba (UFPB), vol. 18, 1997.

BULFINCH, Thomas. *O Livro de Ouro de Mitologia (Histórias de Deuses e Heróis)*. 6ª ed. São Paulo, Ediouro, 1999.

CAMPOS, Augusto de; CAMPOS, Haroldo de & PIGNATARI, Décio. *Teoria da Poesia Concreta (Textos Críticos e Manifestos)*. Cotia, Ateliê Editorial, 2006.

CAMPOS, Augusto de. *Despoesia*. São Paulo, Perspectiva, 1976.

_____. *Ex poemas*. São Paulo, Perspectiva, 1985.

_____. *Invenção (de Arnaut e Raimbaut a Dante e Cavalcante)*. São Paulo, Arx, 2003.

_____. *Música de Invenção*. São Paulo, Perspectiva, 1998.

_____. *Não*. São Paulo, Perspectiva, 2003

_____. *O Anticrítico*. São Paulo, Companhia das Letras, 1986.

_____. *Pagu: Vida-Obra*. 3ª ed. São Paulo, Brasiliense, 1987.

_____. *Poesia. Antopoesia, Antropofagia*. São Paulo, Cortez & Moraes, 1978.

_____. *Rimbaud Livre*. 2ª ed., 1ª reimpressão. São Paulo, Perspectiva, 2002.

_____. *Verso Reverso Controverso*. São Paulo, Perspectiva, 1978.

_____. *Viva Vaia (Poesia de 1949-1979)*. Cotia, Ateliê Editorial, 2001.

CAMPOS, Augusto; CAMPOS, Haroldo & PIGNATARI, Décio. *Mallarmé*. Tradução e ensaios. 2ª ed. São Paulo, Perspectiva, 1980.

CAMPOS, Haroldo de. *A Arte no Horizonte do Provável*. São Paulo, Perspectiva, 1977.

_____. *A Educação dos Cinco Sentidos*. São Paulo, Brasiliense, 1985.

_____. *A Operação do Texto*. São Paulo, Perspectiva, 1976.

_____. *A Ruptura dos Gêneros na Literatura Latino-americana*. São Paulo, Perspectiva, 1977.

_____. *Bere'shit – A Cena da Origem (e Outros Estudos de Poesia Bíblica)*. Transcriações de Haroldo de Campos. São Paulo, Perspectiva, 1993.

_____. *Depoimentos de Oficina*. São Paulo, Unimarco, 2003.

_____. *Galáxias*. São Paulo, Ex Libris, 1984.

BIBLIOGRAFIA   225

_____. *Ideograma. Lógica. Poesia. Linguagem.* São Paulo, Perspectiva, 1992.

_____. *Metalinguagem.* São Paulo, Cultrix, 1976.

_____. *Metalinguagem e Outras Metas.* 4ª. ed. São Paulo, Perspectiva, 1992.

_____. *O Sequestro do Barroco na Formação da Literatura Brasileira: O Caso Gregório de Mattos.* Salvador, Fundação Casa de Jorge Amado / Casa da Palavra, 1989.

_____. *Qohélet / O Que Sabe / Eclesiastes* (poema sapiencial bíblico transcriado por Haroldo de Campos com colaboração de J. Guinsburg). São Paulo, Perspectiva, 1990.

_____. *Signantia Quase Coelum.* São Paulo, Perspectiva, 1979.

_____. *Xadrez de Estrelas (Percurso Textual).* São Paulo, Perspectiva, 1976.

CHALHUB, Samira. *A Metalinguagem.* 4ª ed. S. Paulo, Ática, 1998.

_____. *Animação da Escrita.* São Paulo, Hacker / Fapesp, 1999.

_____. *Funções da Linguagem.* 10ª ed. São Paulo, Ática, 1999.

COELHO NETTO, José Teixeira. *Semiótica, Informação e Comunicação.* São Paulo, Perspectiva, 1999.

CORTÁZAR, Julio. *Obra Crítica* – vol. 2. Trad. Paulina Eacht e Ari Roitman. R. de Janeiro, Civilização Brasileira, 1999.

_____. *Valise de Cronópio.* Trad. Davi Arrigucci Jr. e João Alexandre Barbosa. 2ª ed. São Paulo, Perspectiva, 1993.

COSTA, Horácio (org.). *A Palavra Poética na América Latina – Avaliação de uma Geração.* São Paulo, Fundação Memorial da América Latina, 1992.

_____. *Mar Abierto – Ensayos sobre Literatura Brasileña, Portuguesa e Hispanoamericana.* México, Universidad Nacional Autónoma de México / Fondo de Cultura Económica, 1998.

COSTA LIMA, Luiz (org.) *Teoria da Literatura em suas Fontes* – volume 1. 3ª ed. Rio de Janeiro, Civilização Brasileira, 2002.

CRESCENZO, Luciano de. *História da Filosofia Grega – Os Pré-Socráticos.* Lisboa, Presença, 1988.

ECO, Umberto. *Como se Faz uma Tese.* Trad. Gilson César Cardoso de Souza. São Paulo, Perspectiva, 1997.

226   A TRANSMUTAÇÃO METALINGUÍSTICA...

_____. *Obra Aberta*. Trad. Giovanni Cutolo. 8ª ed., 1ª reimpressão, São Paulo, Perspectiva, 1997.

EPSTEIN, Issac. *O Signo*. 7ª ed., 3ª reimpressão. São Paulo, Ática, 2002.

FERRARA, Lucrecia. *O Texto Estranho*. São Paulo, Perspectiva, 1978.

GRUNEWALD, José Lino. *O Grau Zero do Escreviver*. São Paulo, Perspectiva, 2002.

GUINSBURG, Jacó (org. e trad.). *Círculo Linguístico de Praga*. São Paulo, Pespectiva, 1978.

HEIDEGGER, Martin. *A Caminho da Linguagem*. Trad. Márcia Sá Cavalcante Schuback. São Paulo, Vozes / Universitária São Francisco, 2003.

HELENA, Lúcia. *Modernismo Brasileiro e Vanguarda*. São Paulo, Ática, 2003.

JAKOBSON, Roman. *Arte Verbal, Signo Verbal, Tiempo Verbal*. Trad. Mónica Mansur. México, Fondo de Cultura Económica, 1987.

_____. *Linguística e Comunicação*. São Paulo, Cultrix, 1970.

_____. *Poética em Ação* (org. e prefácio de João Alexandre Barbosa). São Paulo, Perspectiva/Edusp, 1990.

_____. *Questions de Poétique*. Paris, Éditions du Suleil, 1977.

_____ & POMORSKA, Kristina. *Diálogos*. São Paulo, Cultrix, 1985.

KAC, Eduardo. *Luz & Letra – Ensaios de Arte, Literatura e Comunicação*. Rio de Janeiro, Contra Capa, 2004.

KHOURI, Omar. *Noigandres e Invenção – Revistas Porta-vozes da Poesia Concreta*. Revista da FACOM-FAAP – Faculdade de Comunicação da Fundação Álvares Penteado ed. n. 16, 2º. semestre de 2006, pp. 20/33.

LEMINSKI, Paulo. *Ensaios e Anseios Crípticos*. Curitiba, Pólo Editorial do Paraná, 1997.

LIMA, Sérgio Vasconcelos de. *Planejamento de Pesquisa: Uma Introdução*. São Paulo, Educ, 2002.

LUCAS, Fábio. *Murilo Mendes – Poeta e Prosador*. São Paulo, Educ / Oficina do Livro Rubens Borba de Moraes, 2001.

MACIEL, Maria Esther. *A Memória das Coisas – Ensaios de Literatura, Cinema e Artes Plásticas*. São Paulo, Lamparina, 2004.

MELO E CASTRO, Ernesto. *Algorritmos – Infopoemas*. São Paulo, Musa, 1998.

BIBLIOGRAFIA

MENEZES, Philadelfo. *A Crise do Passado: Modernidade, Vanguarda, Metamodernidade*. São Paulo, Experimento, 2001.

MERLEAU-PONTY, Maurice. *Signos*. Trad. Maria Ermantina Galvão Gomes Pereira. São Paulo, Martins Fontes, 1991.

MORA, José Ferrater. *Dicionário de Filosofia*. São Paulo, Martins Fontes, 1998. Vols. I e II.

MOTTA, Leda Tenório da. *Sobre a Crítica Literária Brasileira no Último Meio Século*. Rio de Janeiro, Imago, 2002.

NUNES, Benedito. *Oswald Canibal*. São Paulo, Perspectiva, 1979.

_____. *Passagem para o Poético*. São Paulo, Ática, 1986.

OLIVEIRA, Solange Ribeiro de. *Literatura e Música*. São Paulo, Perspectiva, 2002.

OSEKI-DEPRÉ, Inês. *A Propósito da Literariedade*. São Paulo, Perspectiva, 1990.

OSTROWER, Fayga. *Criatividade e Processos de Criação*. 2ª ed. Petrópolis, Vozes, 1978.

PAZ, Octavio. *Conjunções e Disjunções*. São Paulo, Perspectiva, 1979.

_____. *O Arco e a Lira*. Rio de Janeiro, Nova Fronteira, 1982.

_____. *Signos em Rotação*. São Paulo, Perspectiva, 1973.

_____. *Transblanco (Blanco)*. Trad. Haroldo de Campos. ed. Bilíngue. Rio de Janeiro, Editora Guanabara, 1986.

PERRONE-MOISÉS, Leyla. *Falência da Crítica*. São Paulo, Perspectiva, 1973.

PESSOA, Fernando. Ricardo Reis. *Poesia*. São Paulo, Companhia das Letras, 2000.

PLATÃO. *Crátilo*. Versão do grego, prefácio e notas de Pe. Dias Palmeida. Lisboa, Sá da Costa, 1963.

PIGNATARI, Décio. *Código e Linguagem. Metalinguagem, Informação. Linguagem, Comunicação*. 6ª ed. São Paulo, Perspectiva, 1973.

_____. *Informação. Linguagem. Comunicação*. Cotia, Ateliê Editorial, 2002.

PIMENTA, Alberto. *O Silêncio dos Poetas*. Lisboa, A Regra do Jogo, 1978.

PINTO, Manuel da Costa. *Literatura Brasileira Hoje*. São Paulo, Publifolha, 2004.

POUND, Ezra. *A Arte da Poesia*. São Paulo, Cultrix, 1995.

_____. *ABC da Literatura*. São Paulo, Cultrix, 1977

228 A TRANSMUTAÇÃO METALINGUÍSTICA...

_____. *Do Caos à Ordem (Visões de Sociedade dos Cantares de Ezra Pound)*. 2ª ed. Lisboa, Assírio & Alvim, 2001.

REIS, Carlos. *O Conhecimento da Literatura – Introdução aos Estudos Literários*. 2ª ed. Coimbra, Almeida, 2001.

RICHARDS, I. A. *A Prática da Crítica Literária*. Trad. Almiro Pisettae Lenita Maria Rímoli Esteves. São Paulo, Martins Fontes, 1997.

SÁ, Olga de. *A Escritura de Clarice Lispector*. São Paulo, Annablume, 1979.

_____. *Clarice Lispector: A Travessia do Oposto*. São Paulo, Annablume, 1993.

SALLES, Cecília Almeida. *Crítica Genética – Uma (Nova) Introdução*. São Paulo, Educ, 2000.

_____. *Gesto Inacabado*. São Paulo, Annablume, 1999.

_____. *Arquivos de Criação – Arte e Curadoria*. Vinhedo (SP), Editora Horizonte, 2010.

_____. *Redes da Criação – Construção da Obra de Arte*. Vinhedo (SP), Editora Horizonte, 2006.

SALOMÃO, Omar. *Impreciso*. Rio de Janeiro, Dantes, 2011.

SANTAELLA, Lúcia. *Comunicação e Pesquisa*. São Paulo, Hacker, 2001.

_____. *Estética de Platão a Peirce*. 2ª ed. São Paulo, Experimento, 2000.

_____. *Miniaturas*. São Paulo, Hacker e Cesp-PUC, 1996.

_____. *O Que é Semiótica*. 15ª ed. São Paulo, Brasiliense, 1999.

SANTAELLA, Lúcia & NÖTH, Winfried. *Imagem. Comunicação, Semiótica, Mídia*. São Paulo, Iluminuras, 2002.

SEGOLIN, Fernando. *Fernando Pessoa. Poesia, Transgressão, Utopia*. São Paulo, Educ, 1992.

SEVERINO, Antônio Joaquim. *Metodologia do Trabalho Científico*. 22ª ed. São Paulo, Cortez, 2003.

SOARES, Ricardo. "EDGARD BRAGA – O Reconhecimento Tardio de um Poeta". *Jornal do Brasil,* Rio de Janeiro, 26.10.1984.

SUSSEKIND, Flora & GUIMARÃES, Júlio Castañon (orgs.). *Sobre Augusto de Campos*. Rio de Janeiro, 7 Letras e Casa de Rui Barbosa, 2004.

SUSSEKIND, Flora. *Literatura e Vida Literária – Polêmicas, Diários e Retratos*. 2ª ed. rev. Belo Horizonte, Universidade de Minas Gerais, 2004.

BIBLIOGRAFIA 229

TODOROV, Tzvétan (org.). *Teoria da Literatura I e II (Textos dos Formalistas Russos).* Trad. Isabel Pascoal. Lisboa, Edições 70, 1999.

TORRANO, Jaa. *Teogonia – A Origem dos Deuses.* 3ª ed. São Paulo, Iluminuras, 1995.

_____. *O Sentido de Zeus – O Mito no Mundo e o Modo Mítico de Ser no Mundo.* São Paulo, Iluminuras, 1996.

WELLWK, René & WARREN, Austin. *Teoria da Literatura e Metodologia dos Estudos Literários.* Trad. Luiz Carlos Borges. São Paulo, Martins Fontes, 2003.

WILLEMART, Philippe. *Bastidores da Criação Literária.* São Paulo, Fapesp / Iluminuras, 1999.

ZULAR, Roberto (org.). *Criação em Processo – Ensaios de Crítica Genética.* São Paulo, Iluminuras / Fapesp, 2002.

Revistas, Periódicos

ARTÉRIA X . Editores: Omar Khouri e Paulo Miranda. Nomuque Edições. São Paulo, 1º semestre de 2011.

CONVIVIUM – Revista de Investigação e Cultura. Número especial sobre a poesia brasileira. Ano IV – n. 5-6 – vol. 7 – julho-agosto-setembro, 1965.

DIALÉTICA – Revista de Diálogo com a Inteligência (número dedicado ao centenário de nascimento de Edgard Braga), Ano 7, n. 5, Maceió, Sesc de Alagoas, março, 2001.

INVENÇÃO – Revista de Arte de Vanguarda, n. 3, ano 2. São Paulo, junho, 1963.

POESIA SEMPRE (número contendo dossiê especial sobre Augusto de Campos). Rio de Janeiro, ano 12, n. 19, dezembro de 2004.

REVISTA Bibliográfica & Cultural. N. 1, 2 e 3. São Paulo, Imprensa Oficial, Oficina Rubens Borba de Moraes. São Paulo, 1999, 2000 e 2002.

REVISTA Manuscrítica n. 2. Revista da APML. Associação de Pesquisadores do Manuscrito Literário. São Paulo, 1991.

REVISTA Manuscrítica n. 4. Revista da APML. São Paulo, 1993.

REVISTA Manuscrítica n. 11. Revista da APML – Associação de Pesquisadores do Manuscrito Literário. São Paulo, Annablume, 2003.

230 A TRANSMUTAÇÃO METALINGUÍSTICA...

DIMENSÃO – *Revista Internacional de Poesia*. Ano XV, n. 24 e ano XVIII, n. 27. Uberaba, Grifo, 1995 e 1998.

INIMIGO RUMOR – *Revista de Poesia*, n. 6. Rio de Janeiro, 7 Letras, 1999.

REVISTA CACTO, n. 3. São Bernardo do Campo, Cacto, 2003.

GALÁXIA – *Revista Transdisciplinar de Comunicação, Semiótica, Cultura*, n. 5. São Paulo, Educ, abril 2003.

CADERNOS *Poesia Brasileira – Poesia Brasileira Contemporânea*. São Paulo, ICI – Instituto Cultural Itaú, 1997.

ASCENSIÓN *de la Lluvia – Cuadernos de Novíssima Literatura Boliviana*. Ano 1, Rio de Janeiro, 1989.

REVUE *de Théorie et D'Annalyse Littèraire*, vol. 28, 1976, pp. 385-389 (artigo "Théorie de la poésie", Tzvetan Todorov).

Anais

GÊNESE E MEMORIA – *IV Encontro Internacional de Pesquisadores do Manuscrito Literário*. São Paulo, Annablume / APML, 1994.

FRONTEIRAS DA CRIAÇÃO – *Anais do VI Encontro Internacional de Pesquisadores do Manuscrito*. São Paulo, Annablume, Fapesp, 1999.

MANUSCRÍTICA N. 11 – *Anais do VII Encontro Internacional de Pesquisadores do Manuscrito: Poética da Criação*. São Paulo, Annablume, 2003.

Teses e Dissertações

BAUER, Anna Luiza C. Camargo Arruda. *Dos Rascunhos à Obra Editada: Um Itinerário Poético*. São Paulo, PUC, 1993. Dissertação de mestrado.

BELISÁRIO, Maria Helena. *Poesia Brasileira à Luz da Metalinguagem*. São Paulo, PUC, 1982. Dissertação de Mestrado.

KHOURI, Omar. *Poesia Visual Brasileira: Uma Poesia na Era do Pós-verso*. São Paulo, PUC, 1996.

Outros documentos impressos

Catálogo de exposição. AUGUSTO DE CAMPOS – POEMAS, PUBLICAÇÕES, MANUSCRITOS, VÍDEOS E GRAVAÇÕES. (Catálogo da exposição AUGUSTO DE CAMPOS realizada na Casa de Rui Barbosa, de 23 de agosto a 17 de setembro de 2004, Ed. Casa de Rui Barbosa, 2004

Documentos sonoros e eletrônicos

CDS e CD-ROMS

CAMPOS, Augusto & CAMPOS, Cid. *Poesia é Risco*. Polygram, 1992.
SALLES, Cecília Almeida. *Gesto Inacabado. Processo de Criação Artística*. FromArte / Secretaria de Estado da Cultura / PUC-SP, 1999.
GRUPO NOIGANDRES – *Arte Concreta Paulista*. BARROS, Lenora e BANDEIRA, João (orgs.). São Paulo, Cosac & Naify, 2002.

Publicações eletrônicas – Site

http://www.uol.com.br/augustodecampos/poesiaconc.htm
http://www.itaucultural.org.br

Ensaio em Revista eletrônica

AMARAL, Beatriz Helena Ramos. "Condensação e Estranhamento na Poética de Edgard Braga".
ZUNÁI: www.officinadopensamento.com.br/zunai. DANIEL, Claudio; e LEÃO, Rodrigo Souza (editores). *Revista de Poesia de Invenção e Debates*. Ano 1, n. 4, dez. 2004.

Título	A Transmutação Metalinguística na Poética de Edgard Braga
Autora	Beatriz Helena Ramos Amaral
Editor	Plinio Martins Filho
Produção Editorial	Aline Sato
Capa	Tomás Martins (projeto)
	Henrique Xavier (ilustração)
Foto da Autora na Capa	Departamento de Fotografia da APMP – Associação Paulista do Ministério Público
Revisão	Plinio Martins Filho
	Beatriz Helena Ramos Amaral
Editoração Eletrônica	Fabiana Soares Vieira
Formato	12,5 x 20,5 cm
Tipologia	Minion Pro
Papel	Cartão Supremo 250 g/m^2 (capa)
	Pólen Soft 80 g/m^2 (miolo)
Número de Páginas	232
Impressão e Acabamento	Gráfica Vida e Consciência